Als je goed om
je heen kijkt
zie je dat alles
gekleurd is

www.queridokind.nl

Der Stadtbibliothek Osnabrück überreicht im Rahmen des Städtepartnerschaftsprojektes „Bücherreise um die Welt 2007" vom Bürgermeister der Stadt Haarlem.

Als je goed om je heen kijkt zie je dat alles gekleurd is

Gedichten voor kinderen van alle leeftijden, gekozen door Tine van Buul en Bianca Stigter, met een inleiding van Kees Fens en geïllustreerd door Annelies Alewijnse, Joep Bertrams, Wim Bijmoer, Marga Bosch van Drakestein, Jenny Dalenoord, Friso Henstra, Annemie Heymans, Margriet Heymans, Pieter Holstein, Jan Jutte, Mart Kempers, Ted van Lieshout, Mance Post, Harriët van Reek, Peter van Straaten, Thé Tjong-Khing, Peter Vos, Leo Vroman, Fiep Westendorp, Francien van Westering en Juliette de Wit

Amsterdam · Antwerpen · Em. Querido's Uitgeverij B.V.
2006

Bekroond met de
Gouden Griffel 1991.

De illustraties zijn van Annelies Alewijnse: 23, 123; Joep Bertrams: 21, 35, 43, 57, 67, 112, 135, 161, 163; Wim Bijmoer: 29, 89, 126, 139, 142, 148; Marga Bosch van Drakestein: 41, 171; Jenny Dalenoord: 111; Friso Henstra: 52, 53, 100, 118; Annemie Heymans: 36, 70, 107, 133, 166; Margriet Heymans: 37, 49, 68, 79, 87, 97, 130, 155, 158, 170, 173; Pieter Holstein: 48, 84, 93, 185; Jan Jutte: 19, 165, 176, 199; Mart Kempers: 65, 78, 80, 83, 90, 128, 129; Ted van Lieshout: 51, 77, 92; Mance Post: 17, 25, 75, 86, 115, 157, 169, 188, 192; Harriët van Reek: 46, 131, 149, 203; Peter van Straaten: 60, 66, 72-73, 98, 150; Thé Tjong-Khing: 24, 74, 140, 180; Peter Vos: 47, 55, 56, 108, 116, 124, 125, 127, 145, 196; Leo Vroman: 19; Fiep Westendorp: 30, 38, 42, 59, 63, 71, 94, 104, 105, 113, 153, 177, 186, 191, 195; Francien van Westering: 162; Juliette de Wit: 39, 103, 120.

De tekeningen op de met cursief gezette cijfers aangegeven bladzijden zijn eerder gepubliceerd.

Deze uitgave is mede totstandgekomen dankzij een subsidie van het ministerie van Welzijn, Volksgezondheid en Cultuur.

De gedichten in dit boek zijn voorzover mogelijk opgenomen in overleg met de rechthebbenden: zo niet dan wordt hun verzocht contact op te nemen met de uitgever om alsnog in een regeling te voorzien.

Eerste druk, 1990; tweede, derde, vierde en vijfde druk, 1991; zesde druk, 1994; zevende druk, 1997; achtste druk, 2000; negende druk, 2001; tiende druk, 2004; elfde druk, 2006.

Copyright © 1990 by the authors. Niets uit deze uitgave mag worden verveelvoudigd en/of openbaar gemaakt, in enige vorm of op welke wijze ook, zonder voorafgaande schriftelijke toestemming van Em. Querido's Uitgeverij B.V., Singel 262, 1016 AC Amsterdam.

Omslagillustratie: Marije Tolman
Omslagontwerp: Nancy Koot

ISBN 90 451 0394 X / NUR 290

De ontdekking
K. SCHIPPERS

Als je goed om
je heen kijkt
zie je dat alles
gekleurd is

Inhoud

Kees Fens – De andere wereld 13

De dag begint te komen

Paul van Ostaijen · Marc groet 's morgens de dingen 17
Ienne Biemans · *Waar de wind zachtjes waait* 17
Wiel Kusters · Een toespraak 18
Ed. Hoornik · Sint-Nicolaasmorgen 18
Hendrik de Vries · *Werd ik wakker? Of begonnen* 18
Leo Vroman · *Ik moet nog aldoor denken aan* 19
Neeltje Maria Min · Kinderdroom 19
K. Michel · *Een gevaarlijke onderneming* 20
Annie M.G. Schmidt · De sprookjesschrijver 20
Gerard Brands · Het laatste kwatrijn 20
Margot Vos · Morgenpret 20
Chr. J. van Geel · Kinderrijm 1 21
Jac. van Hattum · 's Morgens in de stal 21
Harriet Laurey · Wat een verjaardag! 21
J. Bernlef · 2 verlanglijstjes 22
Jan Hanlo · Wat zal ik voor je kopen, zoon? 22
C. Buddingh' · De blauwbilgorgel 22
Willem Wilmink · Ruzie 23
Peter Jaspers · In 't kleine dorpje Bladerstil... 23
Daan Zonderland · Interieurtje 23
Remco Ekkers · Staart 24
Annie M.G. Schmidt · Liever kat dan dame 24
Leo Vroman · Hulp gevraagd 25
Joke van Leeuwen · *Ik voel me ozo heppie* 25
Ienne Biemans · *Mijn naam is Ka* 25
Hedwig Smits · Ik ben kwaad 26
Hans Andreus · De Wees Vrolijk-Automaat 26
Jo Govaerts · *Mijn humeur is als spaghetti die* 26

Diet Huber · De Zestienhuizer Zevenklauw 26
Hans Dorrestijn · De echte bakker 27
Remco Ekkers · Bakker worden 27
Diet Huber · Een Franse broodjesbruiloft 27
Annie M.G. Schmidt · De eendjes 28
Annie M.G. Schmidt · Dikkertje Dap 28
Jan Hanlo · Bootje 29
Wiel Kusters · Maart roert zijn staart 29
Hans Andreus · Liedje van de luie week 29
Annie M.G. Schmidt · De heks van Sier-kon-fleks 30
Han G. Hoekstra · Leo is ziek 31
Rie Cramer · Ziek geweest 31
T. van Deel · Vroeg wijs 31
Bas Rompa · Regengebed 32
Fetze Pijlman · Kano 32
Jan Kuijper · Ramp 32

De wereld is zo groot

C. Buddingh' · Aardrijkskunde 35
Miep Diekmann · De wereld is zo groot 35
Kees Stip · Op een ijsbeer 36
Johan Andreas dèr Mouw · *Gods wijze liefde had 't heelal geschapen* 36
Daan Zonderland · Aardrijkskunde 36
Leendert Witvliet · Columbus dus 37
Kees Stip · Op een zeeleeuw 37
Annie M.G. Schmidt · Rineke Tineke Peuleschil 37
F.L. Bastet · De mummie Toet 39
Fetze Pijlman · Ontmoeting 40
Leendert Witvliet · Schoolzwemmen 40

Han G. Hoekstra · De klok en de kalender 40
Marga Bosch van Drakestein · De heksenschool 41
Els Pelgrom · Een zak vol spijkers 42
Annie M.G. Schmidt · Rekenen op rijm 42
K. Schippers · Zes 43
C. Buddingh' · Schoolbord 43
Alfred Kossmann · Huilliedjes 7 43
C. Buddingh' · Een dubbeltje wordt nooit een kwartje 43
Han G. Hoekstra · Een warme donderdag in mei 44
Jan Hanlo · Kroop de mist 44
Jules Deelder · Gedicht voor land- en tuinbouw 44
Leo Vroman · Biologie voor de jeugd 45
K. Schippers · Bloemen geuren 45
Han G. Hoekstra · Margriet 45
C. Buddingh' · De bozbezbozzel 46
Alfred Kossmann · *God schiep als een voorbeeldig dier* 46
Jan Kal · Kattendeterminatietabel 46
Annie M.G. Schmidt · Grote poes gaf les aan haar zoon Kattemenoel 47
Jan Kal · Dikkopjes 48
Han G. Hoekstra · De wonderen 48
Han G. Hoekstra · Liedje voor Hannejet 49
Karel Eykman · Ik heb het niemand in de klas verteld 50
Theo Olthuis · Jacinta 50
Remco Ekkers · Hoi! Expressie! 50
Ted van Lieshout · Lieverd 51
Ella Snoep · Kinderrijmpje 51
Remco Ekkers · Eerste woord 51
Willem Wilmink · Dictees 52
T. van Deel · Opstellen 52
Chr. J. van Geel · Kinderrijm II 53
C. Buddingh' · De grote stenen 53
Kees Stip · Op een konijn 53
P. van Renssen · Allemaal mis! 54
Leo Vroman · De kikker en de koe 54
Hans Dorrestijn · Poep- en piesmenuet 55

Harriet Laurey · De kat van de buren 55
Johan Andreas dèr Mouw · *Dan las ik weer van 't jonge, lelijke eendje* 55
Ellen Warmond · Op het landje tussen de suikerbietjes 56
Hanny Michaelis · *Gezien in een etalage* 56
K. Schippers · Wat je kan zien, maar niet kan horen 57
Jan Arends · *Niet* 57
H.N. Werkman · *loemoem lammoem laroem lakoem* 58
Diet Huber · De vier koningen 58
Kees Stip · Op een vlo 58
K. Schippers · Gedicht 58
Martin Bril · Supergedicht 59
Mies Bouhuys · Mimosa 59
Willem Wilmink · Tegelliedje 60

Meneer, wat ben je aan het doen?

Hans Dorrestijn · Kwakwadonk 63
Annie M.G. Schmidt · En niemand die luisteren wou 63
Valentine Kalwij · *een racefiets kan je* 64
Theo Olthuis · Fiets 64
Karel Eykman · De wielrenner 65
Jac. van Hattum · Piet-kijk-toch-uit 65
Hans Andreus · De race-auto 66
Annie M.G. Schmidt · Op de step 66
Wiel Kusters · Geheim 67
Ienne Biemans · *Ik heb een touw* 68
Willem Wilmink · Een groot geheim 68
Karel Eykman · Rommel 68
Ed Franck · *Moeder* 69
André Sollie · Woensdag 69
Karel Eykman · Zakgeld 69
Karel Eykman · Het vlugste of het langzaamste 70
Annie M.G. Schmidt · Het mannetje Haastje-rep 71

Hans Andreus · Modern aftelrijmpje 72
Gerrit Bakker · *Gekortwiekt raakt de voetballer* 72
Bas Rompa · Langs de lijn 72
J. Slauerhoff · De schalmei 73
Annie M.G. Schmidt · Vissenconcert 73
Ed Franck · *Robbie* 74
Annie M.G. Schmidt · Circusliedje 74
K. Schippers · Houdini zoekt het juiste woord 75
Ienne Biemans · *Er is een boek* 75
Annie M.G. Schmidt · De mislukte fee 76
Willem de Mérode · De lezende jongen 77
Thera Coppens · Boek 78
Leendert Witvliet · Lezen 78
Han G. Hoekstra · Bij de Hubbeltjes thuis 79
Hans Andreus · Meneer van Dommelen 79
K. Schippers · Mooi hoedje 80
A. Koolhaas · Bloem 80
Pierre Kemp · Allerschoenen 80

Ooh had ik maar een bootje

Martin Bril · Ooh had ik maar een bootje 83
Gerrit Krol · Zomer 83
Richard Minne · Voor de gelegenheid 83
Judith Herzberg · De zee 83
Remco Ekkers · Vliegeren aan zee 84
Kees Stip · Op een kwal 84
Willem Hussem · *zet het blauw* 84
J.P. Heije · Naar zee 85
Remco Ekkers · Duin 85
A.F. Pieck · Klein-Japik 85
Ienne Biemans · *Ik krijg een jas van groene zij* 86
K. Schippers · De invloed van matige wind op kleren 86
Arjen Duinker · *wat is dit een mooi land* 86
S. Abramsz · Hollands liedje 87
Gerrit Bakker · De braam 87
Ienne Biemans · *In een donker* 87
Hans Andreus · De blauwe bussen 87

Lea Smulders · De vakantiekat 88
Annie M.G. Schmidt · Drie meneren in het woud 88
Willem Wilmink · Op reis 89
H. Marsman · Landschap 90
J. Goudsblom · Onderweg II 90
Jac. van Hattum · Men wijst ons de weg 90
Han G. Hoekstra · Wij en de zon 91
Pierre Kemp · Gang 92
Ted van Lieshout · Alleen met de trein 92
Rutger Kopland · Om te lachen 92
Gerrit Bakker · De denneappel 92
Jan Hanlo · *Regen regen* 93
Annie M.G. Schmidt · Tante Trui en tante Toosje 94
Theo Olthuis · M'n vader 95
Hans Andreus · Géén versje over regen 95
Fetze Pijlman · Vakantieherinnering 95
Anton Korteweg · Reisverslag 95
Mark Dijkenaar · *Zee en strand* 96
Jo Kalmijn-Spierenburg · Bij grootmoeder 96
Jan G. Elburg · *Ik weet* 96
Johanna Kruit · Vakantiefilm 96
J.M.W. Scheltema · Buiten 97
Hendrik de Vries · *Onder de bomen* 97
M. Vasalis · Fanfare-corps 98
Jan Hanlo · Nooit meer stil 99
Annie M.G. Schmidt · Ssstt! Ssstt! 99
Han G. Hoekstra · Strandwandeling met mijn dochter 100
J.C. van Schagen · *het licht is heel stil* 100

Keesie is m'n vrindje

J.M.W. Scheltema · Ontmoeting 103
Peter · De film 103
Willem Wilmink · Frekie 104
Mies Bouhuys · Het pakhuis 104
Han G. Hoekstra · Het verloren schaap 105

Willem Wilmink · Buurmeisje heeft visite 106
Nannie Kuiper · We spelen bij ons thuis 106
Willem Wilmink · Mijn vriendje David 107
Ida Gerhardt · Weerzien op zolder 108
Karel Eykman · De geheime club 108
Annie M. G. Schmidt · Drie ouwe ottertjes 109
Peter · De domme hond 110
Diet Huber · Grietje en Pietje 110
Alfred Kossmann · Huilliedjes 1 en 3 111
Annie M. G. Schmidt · Hendrik Haan 111
Bas Rompa · Ik 112
K. Schippers · Liefdesgedicht 112
Herman Gorter · *Zie je ik hou van je* 113
Mies Bouhuys · Maart 113
G. W. Lovendaal · Ze wisten het wel 114
Theo Olthuis · Mickie 114
Armand van Assche · Een nieuw woord 114
Ienne Biemans · *Dag mevrouw* 115
K. Schippers · De zeerover en zijn buit 115
Peter Jaspers · De ongewone rat 116
Karel Eykman · Wie verliefd is gaat voor 116
Theo Olthuis · Petrólia 117
Hella S. Haasse · De raadselridder 118
J. M. W. Scheltema · Kort verdriet 119
Hans Dorrestijn · Pieleman 119
Robert Anker · Jok speelt op straat 120
Remco Ekkers · Twee paarden 120

De lijster is te vlug

Hans Andreus · Het lied van de zwarte kater 123
Jan Hanlo · De Mus 123
J. B. Charles · De kat 124
Leendert Witvliet · Kat en hond 124
Jan Hanlo · Hond met bijnaam Knak 124
J. C. van Schagen · *op het tuinpad dood* 124
Valentine Kalwij · *in glanzend zwartleren pakken* 125
Chr. J. van Geel · *Het klemt als pootjes van* 125

Annie M. G. Schmidt · Zwartbessie 125
Leendert Witvliet · Vogeltjes 127
Guido Gezelle · De mezen 128
Remco Ekkers · Vuurdoorn 129
J. H. Leopold · *Gedoken onder de pannenboog* 129
Mischa de Vreede · Flamingoos 129
Jac. van Hattum · Mijn lijster 129
Ienne Biemans · *Ik ben zo moe, zo moe, zei het geitje* 130
Remco Ekkers · Reiger 130
D. Hillenius · De leeuwerik 130
Ed Franck · *Leentje* 131
Remco Ekkers · Kunst 131
Willem Wilmink · Slaapliedje 131
Hans Faverey · Man & dolphin/Mens & dolfijn 132
Jan 't Lam · *Vanmorgen vond ik Sproet* 132
J. P. Heije · 't Verdwaalde lam 133
Hans Dorrestijn · 't Roofschaap 134
Ivo de Wijs · Een tweedehands jas 135

Ik ben lekker stout

Annie M. G. Schmidt · Ik ben lekker stout 139
Annie M. G. Schmidt · Dat jongetje z'n moeder 139
Jan Boerstoel · Het 'ennerige' jongetje 140
Annie M. G. Schmidt · Het zoetste kind 142
Annie M. G. Schmidt · Rosalind en de vogel Bisbisbis 142
Willem Wilmink · De stoute jongen 143
Riet Wille · Op schattenjacht 144
Jac. van der Ster · Kinderen 144
Han G. Hoekstra · De kinderen uit de Rozenstraat 144
Annie M. G. Schmidt · Een heel klein varkentje 145
Bertus Aafjes · Mooie Anna 146
Judith Herzberg · Een kinderspiegel 146
Hans Andreus · De pad en de roos 147
Ed Franck · *Sasja* 147

André Sollie · Dik 147
Gerrit Krol · Over de ijdelheid 147
Annie M.G. Schmidt · Sebastiaan 148
Toon Tellegen · Opzegversje 149
Pierre Kemp · Uitbundigheid 149
Els Pelgrom · Want er zijn dingen die kun je niet zeggen 149
Karel Eykman · Zwaar de pest in 150
Godfried Bomans · Spleen 151
Willem Wilmink · Slechte kinderen 151
J.P.J.H. Clinge Doorenbos · Toekomstvragen 151
Alfred Kossmann · Huilliedjes 9 152
Hans Dorrestijn · Een pechdag 152
Han G. Hoekstra · De Knispadenzen 153
Denise De Veijlder · Slechte dag 154
Bianca Stigter · Maar mama heus 154
Hendrik de Vries · *Ik zocht op zolder; kroop tussen de spleten* 154
Jo Govaerts · *Ben ik geen knappe tovenaar* 154
Hans Andreus · De laatste tovenaar 154
Rutger Kopland · Verhaaltje voor jullie 156
Daan Zonderland · *Er was eens een tinnen soldaatje* 156
Ienne Biemans · *Drie kleine nichtjes* 157
Annie M.G. Schmidt · Het fluitketeltje 157
Jan 't Lam · *Niemand thuis* 157
Hendrik de Vries · *We waren alleen in huis* 158
Jan Hanlo · Het dak 158

Omdat ze zo nieuwsgierig zijn

Theo Olthuis · Recept 161
Willem Wilmink · Eetlust 161
Diet Huber · Een heksenbezoek 162
Hans Dorrestijn · 't Enge restaurant 163
Remco Ekkers · Goudvinken 164
Chr. J. van Geel · Tekst voor tandartswachtkamer 164
Alfred Kossmann · Huilliedjes 8 164
Nannie Kuiper · Het spook Spagetti 165
Jan van Hoften · Boerenkoolfeest 166
J.C. van Schagen · Aftelrijmpje 166
Diet Huber · Ook voor augurkjes 167
Rutger Kopland · Jonge sla 167
Gerard Berends · *Hoor, daar wordt* 167
A. Koolhaas · Honger 167
Remco Campert · *O dat zal een droevige dag zijn* 167
Karel Eykman · Opa is nieuwsgierig 168
T. van Deel · Bloemen 168
Gerrit Krol · Amsterdam 168
J. Bernlef · *Toen ik hem voor het eerst zag* 168
André Sollie · Test 168
Ienne Biemans · *Je opa van de sleutelbos* 169
Peter · De oude dame 170
Ienne Biemans · *Stel je voor* 170
Marga Bosch van Drakestein · 't Gebreide oompje 171
J.C. Noordstar · Mijn zoon 172
J.H. Speenhoff · Het scheepje 173
Ienne Biemans · *Vroeger* 173
Neeltje Maria Min · *naarmate mijn rokken* 174
Hendrik de Vries · *Het kleine meisje had groot verdriet* 174
Tim Krabbé · En jij? 174
J.H. Speenhoff · Waarom...? 174
Han G. Hoekstra · Het vogeltje Pierewiet 175
J.H. Speenhoff · 't Broekie van Jantje 176
Johan Andreas dèr Mouw · *Dan denk ik aan 't konijntje, dat ik zag* 176
Lidy Peters · Zusjes 176
Annie M.G. Schmidt · De tijd van elfjes is voorbij 177
Leendert Witvliet · Winter 177
Drs. P · Het land is moe 178
C. Buddingh' · changement de décor 178
Clara Eggink · Schaatsenrijden 178
J.H. Leopold · Kerstliedje 179
Annie M.G. Schmidt · De kerstman 179

Han G. Hoekstra · Er was eens een mannetje 182
Han G. Hoekstra · De vorst 182

De maan loopt een eindje met ons mee

Remco Campert · *De maan loopt een eindje met ons mee* 185
Willem Jan Otten · Stad 185
Annie M.G. Schmidt · O, die lammetjes 185
Annie M.G. Schmidt · De Poedelman 186
Ed. Hoornik · Denkend aan... 187
Leendert Witvliet · Met de auto 187
Annie M.G. Schmidt · 's Avonds laat 188
Ted van Lieshout · Knipoog 189
Thera Coppens · Schuldig 189
Bianca Stigter · Monoloog van een moeder 189
Valentine Kalwij · *bang zijn in het donker* 189
Marten Toonder · Barlemanje 190
Pierre Kemp · Avondbloemen 190
Annie M.G. Schmidt · Spoken in het kasteel 190
Jo Govaerts · *Met mijn kwantorslag* 191
Annie M.G. Schmidt · De ridder van Vogelenzang 191
Ienne Biemans · *Er was er eens een aapje* 192
Paul van Ostaijen · Berceuse nr. 2 192
Hans Lodeizen · *de regen fluit langs de ramen* 193
Annie M.G. Schmidt · Ubbeltje van de bakker wil niet slapen gaan 193

Hans Andreus · Liedje 194
Annie M.G. Schmidt · De wim-wam reus 195
Annie M.G. Schmidt · Stekelvarkentjes wiegelied 196
Hans Andreus · Van binnen pratend hoofd 196
Neeltje Maria Min · *vader die mij leven liet* 197
Hendrik de Vries · *Ziek en moe naar mijn bedje gebracht* 197
Willem Wilmink · Slaapliedje 197
Guido Gezelle · Slaapt, slaapt, kindje slaapt 197
Marie Boddaert · Kindersproke 198
Jac. van Hattum · Carrousel 199
Gerrit Achterberg · Kinderangst 199
J.C. Noordstar · *Toen ik een kleine jongen was* 200
Karel Eykman · Dat had je gedroomd 200
Armand van Assche · Fantaseren 200
Harriet Laurey · De laatste trein 201
Mies Bouhuys · Paardje 201
Rutger Kopland · Water bij dag en bij nacht 201
Remco Ekkers · Landschap bij nacht 201
Paul van Ostaijen · Melopee 202
Margot Vos · De zevenster 202
Paul van Ostaijen · Polonaise 203

Verantwoording 205
Wie is wie? 206
Bronvermelding 220
Register 226

Een andere wereld

Dit is een boek met gedichten.

WAT ZIJN GEDICHTEN? Dat is moeilijk te zeggen, maar wie een gedicht leest weet in elk geval meteen: dit is een gedicht. Je hoeft het niet eens te lezen; een gedicht verraadt zich meteen door zijn uiterlijk: het is kort, heeft aparte regels, het is nogal eens verdeeld in coupletten. Wie kort moet zijn, kan weinig woorden gebruiken. Dichters moeten elk woord als een dubbeltje omdraaien. En dan moet dat woord nog precies passen bij andere woorden, het moet erop rijmen, het moet met dezelfde letters beginnen of dezelfde klanken hebben; wij moeten gaan denken dat de woorden uit het gedicht altijd voor elkaar bestemd zijn geweest. Er is geen ander woord tussen te krijgen. Elk gedicht is precies vol.

WAAROVER GAAN GEDICHTEN? Over van alles. Dat bewijst dit boek al. Maar ze gaan altijd over iets dat je weet. En toch niet weet. Want je hebt het nooit zo gezien als de dichter. Dat 'zo', daar gaat het om. Hee, zegt de lezer bij de laatste regel, zo kun je het ook zien. En de school, het huis, de herfst, de zon en de maan, alles wat in het gedicht beschreven wordt, heeft ineens een ander gezicht gekregen. Misschien een mooier gezicht, maar zeker een verrassender. En als het gedicht goed is ben je het vroegere gezicht helemaal kwijt. In elk geval voorlopig. Misschien kun je het hiermee vergelijken: wie naar een film van Laurel en Hardy heeft gekeken en bij het opstaan even struikelt, weet ineens dat hij nog in die film zit, want hij lacht om zijn eigen struikelen. Hij is bijna bereid een smak te maken. Het duurt een tijdje voor zijn kamer weer zijn kamer is. Je leest een boek dat in een warm land speelt, de zon schijnt. Je kijkt op en naar buiten: het sneeuwt. Je gelooft je ogen niet. Er staan in dit boek mooie gedichten over de herfst. Buiten is het zomer, maar voor de lezer is het herfst. En als het echt herfst wordt, ziet hij een andere herfst dan vorige jaren. Door de gedichten heeft de herfst een ander gezicht gekregen. Wie veel leest, ziet ten slotte over zijn boek heen wat hij allemaal gelezen heeft. Er is een andere wereld ontstaan.

WAAROVER GAAN GEDICHTEN DUS? Over een andere wereld die we vlak om de hoek herkennen. En we weten zeker dat we altijd de verkeerde wereld hebben gezien. Na het gedicht geloven we onze ogen pas echt. Dat staat allemaal in de titel van dit boek: een heel klein gedicht over het effect van het gedicht. 'Als je goed om/je heen kijkt/zie je dat alles/gekleurd is'. Je moet eerst het gedicht lezen om te gaan kijken en zo de gekleurde wereld te ontdekken. Wat staat er in het gedicht? Dat alles gekleurd is. Dat weten we allemaal, maar weten het toch ook niet. Lees en kijk en dan zie je het.

WAAROM LEEST IEMAND GEDICHTEN? Omdat hij het leuk vindt. Omdat hij taal leuk vindt. Om de wereld om hem heen te leren kennen. Om zichzelf een beetje te leren kennen. Omdat hij zoveel gezegd krijgt in zo weinig woorden. Om van het boek op te kunnen kijken, naar buiten te staren en te zeggen: 'Zo is het.' Om gelijk te krijgen of ongelijk, want ook dat laatste is leuk. Omdat hij graag woorden ziet rijmen en dus elkaar vinden, omdat hij graag woorden ziet die bijna niet rijmen en dus elkaar net missen. Omdat hem al heel vroeg zogenaamde versjes, die ook gedichten zijn, zijn voorgelezen en hij toen het leuke spel van de woorden ontdekte. Misschien is de laatste wel de belangrijkste reden. Je kunt dus niet vroeg genoeg met gedichten lezen beginnen. Maar je kunt er ook niet lang genoeg mee doorgaan.

WAAROM LEEST IEMAND GEEN GEDICHTEN? Omdat iedereen (en die iedereen heeft nooit gedichten gelezen) zegt dat gedichten moeilijk zijn, dat ze over hoge of diepe onderwerpen gaan, dat je er een heleboel voor moet weten. Omdat alleen zonderlinge mensen gedichten lezen. (Dan zou ik ze juist lezen. Wie wil niet graag zonderling zijn.) Er zijn evenveel redenen om gedichten niet te lezen als er gedichten in dit boek staan. Lang niet alle gedichten in dit boek zijn voor kinderen geschreven. Maar een kind kan ze lezen! Lang niet alle gedichten in dit boek zijn voor volwassenen geschreven. Maar geen volwassene zal zich er te groot voor voelen. Er zijn weinig dingen waarover kinderen en volwassenen het zo eens kunnen worden als over gedichten.

IS DIT EEN BOEK VOOR KINDEREN? Ja en nee. Is dit een boek voor volwassenen? Nee en ja. Het is een boek dat een leven lang mee kan. Je kunt er als kind in lezen, maar ook alle jaren die daarna komen. Als je zestig bent en bijna alle dichters uit dit boek dood zijn en ik erbij, zijn de gedichten nog levend. En geen jaar ouder geworden.

GAAT DIT BOEK DAN NOOIT VERVELEN? Het aardige van een gedicht is, dat je het op zoveel manieren kunt lezen. Jij wordt anders, het gedicht wordt anders. Voor wie dit boek nu leest, is het over tien jaar weer een heel ander boek. Op bladzijde 87 staat een gedicht van S. Abramsz, 'Hollands liedje'. Ik had het zeker vijftig jaar niet gelezen. Wat jammer, ik had het elke tien jaar moeten lezen. Het zou steeds anders geworden zijn, want Holland is veranderd. Als we niet oppassen, is het liedje over vijftig jaar niet meer te begrijpen, want dan is geen dorp meer groen en ruist er geen boom meer. Maar door het gedicht weten we in elk geval nog hoe mooi het geweest is.

HOE MOET JE DIT BOEK LEZEN? De indeling van het boek maakt je al een beetje wegwijs in de wereld van de gedichten. Je kunt een deel kiezen. En lees uit dat deel dan een paar gedichten. Niet te veel. Dit is zeker geen boek om achter elkaar uit te lezen. Doe het kalm aan, je hebt je hele leven de tijd. Het kind dat dit boek in één keer van voor naar achter uitleest, dat zou ik wel eens willen ontmoeten.

WAT IK ALS EERSTE GEDICHT ZOU LEZEN? Het gedicht 'Lezen' van Leendert Witvliet, bladzijde 78. Daar kun je lezen wat er allemaal kan gebeuren als je dit boek leest. Niemand hoeft dan te zeggen dat hij het niet geweten heeft.

Kees Fens

De dag begint te komen

Marc groet 's morgens de dingen
PAUL VAN OSTAIJEN

Dag ventje met de fiets op de vaas met de bloem
                ploem ploem
dag stoel naast de tafel
dag brood op de tafel
dag visserke-vis met de pijp
        en
dag visserke-vis met de pet
      pet en pijp
   van het visserke-vis
      goeiendag

Daa-ag vis
dag lieve vis
dag klein visselijn mijn

...en toen de brug brak
viel ze in de boot
en toen de boot brak
viel ze in de sloot
en toen de sloot brak
viel ze op het ijs
en toen het ijs brak
in het paradijs
en toen het paradijs brak
viel ze als een ei
en toen het ei brak
was ze vrij...

Waar de wind zachtjes waait
IENNE BIEMANS

Waar de wind zachtjes waait,
waar de haan vroeger kraait,
waar de morgen stond,
waar het licht je vond,
waar het water brak
zei het bruggetje: krak.

Een toespraak
WIEL KUSTERS

Ben jij een meisje
met lange haren,
dan moet je
voor een kam
gaan sparen.

Misschien moet je
ook minder dromen.
Want wat je droomt
kruipt in je haar.

's Morgens zit dat
vol met klitten.
En dan dreigt meteen
de schaar.

Vergeet je haar
dus niet te kammen.
En nog iets: eet veel
boterhammen.

Sint-Nicolaasmorgen
ED. HOORNIK

Het meisje keert zich slapend om:
in de lampetkan en de kom
begint de dag te komen.

Nog huppelt langs een schimmenrij:
bouwblokken en het huis voorbij,
waarin de poppen dromen,
het suikerpaard. Maar vliegensvlug
vindt het zijn voetstuk weer terug:
het licht is doorgekomen.

Dan slaat mijn kind de ogen op,
– o suikerbeest, o speelgoedpop.
Het hooi is weggenomen.

Werd ik wakker? Of begonnen
HENDRIK DE VRIES

Werd ik wakker? Of begonnen
In mijn droom weer nieuwe dromen?
Overal tussen de bomen
Lijken webben vastgesponnen:
Ladders van koorden en touwtjes!
Hoog, tot bij de hoogste toppen,
Hangen, aan koperen knoppen,
Honderd gekleurde gebouwtjes:

Torentjes met spitse kapjes
En op elke kap een kruisje;
Brugjes, poortjes, raampjes, trapjes...
Daar, met voorzichtige stapjes
Langs een balk, stil als een muisje,
Komt een kabouter gelopen...
Kijk: een klein deurtje gaat open
En hij is weg in zo'n huisje!

Tussen dichtverwarde struiken
Op een rots, met vaandels, wimpels,
Rood, groen, paars, blauw, goud en geel,
Staat een prachtig echt kasteel.

In de tuin, daar achter 't hek,
En daarbinnen: achter gevels
Met veel bontbeverfde luiken,
Zitten oudjes, ruw van rimpels;
Eten gretig hete hapjes
Bij een luid en blij gesprek;
Schenken gul uit stenen kruiken,
Drinken uit ondiepe napjes;

En de vogels maken grapjes
Op hun stevels, op de lapjes
In hun kleren, zwart van pek.
Telkens barst een schaterlach,
Stoelen, tafels, kasten schudden.

Zie hoe 't volkje joelt en smult!
Hoe 't hun druipt langs baard en knevels! –
Uit hun pijpjes opgekruld,
Speelt nu walm, en vult, met nevels,
Grijs en geurig, 't bladerdek.

Door een enkele open plek
Boven 't bos, al dun omhuld
Met een glans van herfstig rag,
Heel de lange heldre dag,
Zien ze in stage trage trek
Wolkjes, wit als lammerkudden.

Ik moet nog aldoor denken aan
LEO VROMAN

Ik moet nog aldoor denken aan
wat mij vannacht is overkomen:
telkens als ik begon te dromen
had ik geen geld om door te gaan.

Dit moest ik allemaal laten staan.

Kinderdroom
NEELTJE MARIA MIN

Ik voer toen ik een kind was met
drie beren in een boot over zee,
wij namen brood voor drie dagen mee
en een groene kan om water uit te drinken.
Wij waren niet bang dat wij zouden verdrinken;
er stond niet veel wind.
Het waren drie volwassen beren
en ik was nog kind.
Nadat we door een tuin van golven waren gegaan,
stootte ons schip zich aan de maan,
het brak in drie en bloedde leeg,
de beren gilden en ik zweeg.
Ik had drie koude handen van de schrik.
De enige die overbleef was ik.

Een gevaarlijke onderneming
K. MICHEL

Een gevaarlijke onderneming
je dromen echt te maken

Wie weet
wat er uit de hoed komt

Misschien wel een wortel
of een rode haring

een derde been of een diepe zucht

een albino auto ongeluk
of een gouden geraamte

Vaya!
Er zit niets anders op

Nietwaar, princesa!

De sprookjesschrijver
ANNIE M.G. SCHMIDT

Ik ken een man die verhaaltjes verzint
en 's morgens al heel in de vroegte begint.

Hij schrijft over heksen en elfen en feeën
van kwart over zessen tot 's middags bij tweeën.

Hij schrijft over prinsen en over prinsessen
van kwart over tweeën tot 's avonds bij zessen.

Dan slaapt hij en 's morgens begint hij weer vroeg.
Hij heeft aan een inktpotje lang niet genoeg.

Hij heeft in zijn tuin dus een vijver vol inkt,
een vijver door donkere struiken omringd,

en altijd, wanneer hij moet denken, die schrijver,
dan doopt hij zijn kroontjespen weer in de vijver.

Hij heeft nu al tienduizend sprookjes verzonnen
en is nu weer pas aan een ander begonnen.

En als hij daar zit tot het eind van zijn leven,
misschien is die vijver dan leeggeschreven.

Het laatste kwatrijn
GERARD BRANDS

des morgens sta ik op
des avonds weer naar bed
mijn wekker heb ik dan
op zeven uur gezet

Morgenpret
MARGOT VOS

Snel het ponneke uitgedaan,
Dat je als een blomke in de dauw komt staan,
Vol zilverwitte droppekens,
Die sprenkelt de spons op je koppeken.
Tot langs je lijfje lopen de stralen
Als lange snoeren glaskoralen...
Waarheen, waarheen?
Naar je kleine teen,
Naar je springende voetjes en dan op de vloer;
Daar sta je in een vijver van parelmoer!
Maar daar komt de ruige, de witte meneer,
Die pakt je aan je oren en droogt je weer,
Van onder tot boven, van top tot zool,
En wrijft je zo rood als een rode kool...
Wat zullen we aan dat rank lijfje doen?
Een fris, fris hemdeke van katoen;

Daarover een broekje met kantjes
En een rokje met rozerandjes.
Die armkens en pootkens, wel, sapperloot,
Die spart'len zo gaarne, die blijven bloot!
En draaf nu maar weg naar de weide,
Naar 't geitje en 't lammeke beide,
En vraag wie hen in het bad heeft gedaan
En hen trok zo'n sneeuwwit manteltje aan!

Kinderrijm
CHR. J. VAN GEEL

I

Januari wees nu koud
vries de knoppen in het hout
hennep zal niet bloeien
laat een spijker gloeien
laat de lampjes branden
wrijf es in je handen
stook de kachel nog es op
ik zit naakt zonder hansop
want ik word gewassen
ijs vaart in de plassen
ijs vaart door de wereld heen
roze in de zon van steen
Januá-ri!

's Morgens in de stal
JAC. VAN HATTUM

'Hoe laat zou 't zijn?'
vroeg het zwijn.

''t Is haast tijd,'
sprak de geit.

'Al zó laat?'
kwam het paard.

''t Zal wel gaan,'
riep de haan.

'Mens-an-toe!'
deed de koe.

''t Is pas vier,'
zei de stier.

Wat een verjaardag!
HARRIET LAUREY

Ken jij de vader van Sabien?
Die heeft een eigen vliegmachien!

En elke morgen stijgt hij op
en vliegt voorbij de hoogste top,
nóg hoger, tot hij niet meer is te zien.

Daar zit hij in het hemelblauw
– en soms ook in het wolkengrauw –
inplaats van thuis aan tafel bij Sabien.

Maar toen zij haar verjaardag had,
toen heeft hij boven heel de stad
met zilverlicht de hemel volgeschreven.

Daar stond het, zonder fout of klad:
LIEVE SABIEN, PROFICIAT!
En doen daaronder nog: LANG ZAL ZE LEVEN!

Beneden op de vaste grond
las iedereen met open mond
de brief die aan de hemel was te zien.

En toen ging iedereen op pad,
mét een kadoo... en zette dat
op tafel, thuis op tafel bij Sabien!

2 verlanglijstjes
J. BERNLEF

Poema iris
Besnorde lis
Hesperis
Een toefje snoep
Vroeg bloeiende rododendrons
En
Een appelboom

Porseleinen volière
Een vogel van steen
Tuintje doorzichtig
Van geuren alleen
En
Een appelboom.

Wat zal ik voor je kopen, zoon?
JAN HANLO

Een kat? een sterfelijke witte muis? een wát?
Een vriendje uit de Oriënt? een slaaf?
Een zwarte raaf uit Duitsland? of een rat?
Een hond die goed gezond is? of een fluit?
Een mandolien in hoes? of een machien?
Een wereldbol? misschien een wiel?
Misschien een bombazijnen bloes?
Of het profiel van Dante?

De blauwbilgorgel
C. BUDDINGH'

Ik ben de blauwbilgorgel,
Mijn vader was een porgel,
Mijn moeder was een porulan,
Daar komen vreemde kind'ren van.
   Raban! Raban! Raban!

Ik ben de blauwbilgorgel,
Ik lust alleen maar korgel,
Behalve als de nachtuil krijst,
Dan eet ik riep en rimmelrijst.
   Rabijst! Rabijst! Rabijst!

Ik ben de blauwbilgorgel,
Als ik niet wok of worgel,
Dan lig ik languit in de zon
En knoester met mijn knezidon.
   Rabon! Rabon! Rabon!

Ik ben de blauwbilgorgel,
Eens sterf ik aan de schorgel,
En schrompel als een kriks ineen
En word een blauwe kiezelsteen.
   Ga heen! Ga heen! Ga heen!

Ruzie
WILLEM WILMINK

Naast onze kamer was groot gevaar:
vader en moeder hadden het daar
verschrikkelijk op een schreeuwen gezet.
Ik haalde mijn kleine zusje uit bed.
We zijn naar de badkamer gegaan
en hebben de deur op slot gedaan.

Nu zijn die twee weer goed met elkaar.
Ze aaien elkaar, en ze glimlachen maar.
En wat wij vannacht weer hebben gehoord,
wordt niet uitgelegd, met geen enkel woord.

Het is weer koek en ei met die twee,
maar mijn zusje en ik doen nog lang niet mee.

In 't kleine dorpje Bladerstil...
PETER JASPERS

In 't kleine dorpje Bladerstil
daar kiest men wat men worden wil,
daar hoort men steeds dezelfde vraag:
wat wilt u worden voor vandaag,
een eend, een vogel, een karbouw,
de ophaalbrug of 't klokketouw,
u zégt maar wat u worden wil,
dit kan alleen in Bladerstil.

In 't kleine dorpje Bladerstil
daar hoort men af en toe gegil,
dan gaat een vrouw de golven in
als inktvis of als zeemeermin,
dan gaat een man de toren op
als vleermuis of als spinnekop.
En iedereen gilt van plezier:
'Dat kán! Dat kan alleen maar hier.'

In 't kleine dorpje Bladerstil
word je een reus, een kikkerbil,
een koning of een wassen neus
en allemaal gewoon naar keus.

Wát je dus in de wereld ziet,
vertrouw zo gauw je ogen niet,
vraag alles wat maar luistren wil:
'Kom je (misschien) uit Bladerstil??'

Interieurtje
DAAN ZONDERLAND

Wat is eens paddelevens doel?
Peinst vader pad op zijn paddestoel.

Wat is een paddeleven droef,
Denkt moeder pad op haar paddepoef.

Maar babypad schraapt zijn paddestrotje
En roept luidkeels om zijn paddepotje.

Staart
REMCO EKKERS

Mijn moeder is vroeger een poes
geweest, denkt ze wel eens, ze wil
haar staart terug, een zachte lange

staart die door een gaatje in haar rok
of broek naar buiten komt en die ze
om haar middel kan slaan of laten

hangen om er mee te spelen en anderen
te plagen. Het lijkt me heerlijk, zegt ze
om op die staart te zitten, hem tussen

mijn tenen zachtjes te knijpen, sierlijk
over de grond te slepen, dingen te laten
doen waar ik me nu nog voor schaam.

Liever kat dan dame
ANNIE M.G. SCHMIDT

Er was eens een dame in Bronk aan de Rijn,
die zei: Ik had liever een kat willen zijn.
Ik hoef me gelukkig voor niemand te schamen,
maar toch ben ik liever een kat dan een dame.

Waarna zij zich fluks naar de leeszaal repte
en een toverboek leende met toverrecepten.
Op bladzijde negentien stond, onder andere:
Hoe gij uzelf in een kat kunt veranderen.

Dat was het recept en zij kon dus beginnen.
Zij was al een eindje gevorderd in spinnen.
Zij gaf al een kopje, maar toen, na twee weken
was de uitleentermijn van de leeszaal verstreken

en moest dus dat boek naar de leeszaal terug.
Wel, dat was natuurlijk een beetje te vlug.
Toen moest deze dame haar pogingen staken
midden in het hoofdstukje *Kroelen op daken.*

Ze zei: Het is vervelend zo alles tezamen,
maar goed, als het zo staat, dan blijf ik maar dame.
Nu zit zij dus weer in het daaglijks bestuur
van de huisvrouwenbond, maar des nachts om één
   uur
dan gaat zij het vlierinkje op zonder bril
en als zij een muis ziet, dan zit ze heel stil.

En laatst kwam ik eventjes daar op visite.
Zij dronk juist haar schoteltje melk, in de suite.
Toen dacht ik oei, oei en ik moest het beamen:
zij is nog geen kat, maar toch ook niet meer dame.

Hulp gevraagd
LEO VROMAN

Eén ding weet ik zeker:
ik heb een grote neus,
want als ik een nauwe beker
wil leegdrinken moet ik heus
helemaal achterover hellen.

Maar of ik een engel ben, een genie,
of een schurkje, of wel alle drie,
dat zal jij me moeten vertellen.

Ik voel me ozo heppie
JOKE VAN LEEUWEN

Ik voel me ozo heppie
zo heppie deze dag,
en als je vraagt: wat heppie
als ik eens vragen mag,
dan zeg ik: hoe wat heppie,
wat heppik aan die vraag,
heppie nooit dat heppieje
dat ik hep vandaag?

Mijn naam is Ka
IENNE BIEMANS

Mijn naam is Ka.
Ik denk dat ik besta.
Knoop en draad – inderdaad.
Melk en beker – zeker.
Bloem en vaas – sinterklaas.
Schoen en lepel – 'tuurlijk.
Lepel is figuurlijk.
Je kunt er niet van eten.
Dat moet je even weten.
Hol en muis – zo vast als een huis.
Oog en gezicht – allicht.
Mijn naam is Ka.
Ik denk dat ik besta.

Ik ben kwaad
HEDWIG SMITS

Ik ben kwaad
op alles
en iedereen...
Ik smijt met deuren
trap met een stoel
grauw en snauw
ik ben kwaad
op alles en iedereen
want niemand begrijpt me
geen mens...
dan trek ik mijn jas aan
ik loop naar buiten
in de stromende regen
de kraag van mijn jas omhoog
met driftige stappen
loop ik voort
zo maar ergens naar toe
want ik ben kwaad
op alles
en iedereen
niemand begrijpt me
dan... na een poosje
houdt de regen op
de zon komt door de wolken
heel aarzelend
ik sta stil
ook ik begin te aarzelen
zoals de zon
dan lach ik
zo maar opeens
de grijze wolken uit
ze drijven weg
en mijn boosheid
drijft mee
ver weg...

De Wees Vrolijk-Automaat
HANS ANDREUS

Op de hoek van de Berenstraat
staat een Wees Vrolijk-Automaat.
Je stopt er een kwartje in en dan
word je zo vrolijk als 't maar kan.
Je danst en zingt de hele dag,
zelfs als je niet dansen en zingen mag.
Waarom ik dan zo kribbig kijk?
Ik ben vandaag geen kwartje rijk
en trouwens: ik vind 't wel zo fijn
om als ik kribbig ben kribbig te zijn.

Mijn humeur is als spaghetti die
JO GOVAERTS

Mijn humeur is als spaghetti die
te lang bleef liggen in de klamme
uren durende minuten van november
gestruikeld over de r

en te humeurig om terug op te staan
te humeurig om te blijven liggen zelfs te humeurig
om ook maar iets anders te bedenken
waarvoor het niet te humeurig is

Hoofdpijn hebben bv.

De Zestienhuizer Zevenklauw
DIET HUBER

De Zestienhuizer Zevenklauw
had alles wat men wensen zou:
een kind, een hol, een brave vrouw,
een bontjas voor de winterkou,

een trouwring aan zijn tiende teen –
toch was hij niet gelukkig, neen.
Hij ergerde zich dikwijls dat
hij niet een vrolijk kleurtje had,
want zie je, hij was donkerblauw,
als elke echte Zevenklauw.
Hij wou zo gráág een and're kleur...
heel dikwijls was hij in mineur.
Zijn vrouw en kindje deden mee
en riepen ook al ach en wee.
Zo zaten zij daar droef terneer,
en ergerden zich keer op keer.
En op een dag werd dat teveel,
zij ergerden zich groen en geel.
Maar ziet, was dat niet juist hun doel?
Zij sprongen vrolijk van hun stoel
en gingen saam een dansje doen:
'Hoera! Nu zijn wij geel en groen!'
En aan des Zevenklauws geluk
ontbrak niet meer het kleinste stuk.

De echte bakker
HANS DORRESTIJN

Bakker Coeck bakt grote taarten,
groter nog dan bakker Schmull.
Maar Schmull zijn taarten smaken beter
dus die Coeck is toch een prul.

Toegift:

Bakker Coeck bakt zoete broodjes,
zoeter nog dan bakker Hack.
Maar Hack zijn broodjes smaken beter
dus die Coeck die blijft een zak.

Bakker worden
REMCO EKKERS

Om vijf voor half vier ging ik naar
de bakker in ons dorp: Staghouwer.

De winkel was leeg en het meisje
was brood aan het neerzetten.

Ik vroeg: met je hoeveelste jaar
kun je bakker worden? Ze was niet

verbaasd en vroeg niet waarom
ik dat wilde weten. Ze ging door.

Ze zei: ongeveer vijftien, dan ga je
naar de bakkersschool en ze wees

naar achter, dacht ik, daar is zeker
een gebouw waar je taarten leert

maken en brood bakken, dat zij dan
in rijen neerlegt op die schuine plank.

Je krijgt daar vier jaar les. Ik moet dus
nog vijf jaar wachten. Ze begon te lachen.

Een Franse broodjesbruiloft
DIET HUBER

Jetje Kadetje
geurig en rond
zat met een vingertje
stijf in haar mond.

Jantje Croissantje
dacht: 'Kijk, Je van Het!
Zo'n schattig meisje
past me nu net!

Beiden nog vers en
precies even groot,
beiden gebakken
en beiden van brood.'

'Jetje Kadetje!
Ik vraag je ten dans,
Jan is mijn naam, mijn
familie is Frans.

Wil je me trouwen?
Ik vind je zo lief,
word toch mijn vrouwtje,
hè toe, alsjeblief!'

Onder het dansen
zei Jetje toen: 'Ja.'
Trouwen dat deden
ze daad'lijk erna.

Want bij de broodjes
wordt héél snel getrouwd:
vóórdat ze hard zijn,
beschimmeld of oud.

De eendjes
ANNIE M.G. SCHMIDT

Kom, zeiden vanmorgen de eendjes ontroerd,
dat jongetje heeft ons zo dikwijls gevoerd,
we doen het nu anders, we draaien het om.
Nu gaan we het jongetje voeren. Kom!

Ze kochten wat boter, ze kochten wat brood,
ze hadden ook ieder een mand aan hun poot,
ze kochten wat muisjes en toen nog wat sjam,
en gingen naar 't jongetje toe met de tram.

Het jongetje wou net de voordeur uitgaan,
toen hij daar op straat twintig eendjes zag staan.
Dag, jongetje, zeiden ze, ga maar naar binnen.
We komen je voeren; we gaan zo beginnen.

Toen moest hij gaan zitten. Hij kreeg een servet.
Ze sneden het brood en ze smeerden het vet.
Ze gaven hem stukjes van 't brood, om de beurt,
met sjam (appel-bessen) en muisjes (gekleurd).

Hè, zeiden de eendjes, wat leuk is dat nou,
je hebt ons gevoerd, en nu voeren we jou.
Zo, zeiden de eendjes, nou heb je genoeg.
Kom jij eens 'n keer weer bij ons, 's morgens vroeg?

Dikkertje Dap
ANNIE M.G. SCHMIDT

Dikkertje Dap klom op de trap
's morgens vroeg om kwart over zeven
om de giraf een klontje te geven.
Dag Giraf, zei Dikkertje Dap,
weet je, wat ik heb gekregen?
Rode laarsjes voor de regen!
't Is toch niet waar, zei de giraf,
Dikkertje, Dikkertje, ik sta paf.

O Giraf, zei Dikkertje Dap,
'k moet je nog veel meer vertellen:
Ik kan al drie letters spellen:
a b c, is dat niet knap?
Ik kan ook al bijna rekenen!
Ik kan mooie poppetjes tekenen!
Lieve deugd, zei de giraf,
kerel, kerel, ik sta paf.

Zeg Giraf, zei Dikkertje Dap,
mag ik niet eens even bij je

stiekem van je nek af glijen?
Zo maar eventjes voor de grap,
denk je dat de grond van Artis
als ik neerkom, heel erg hard is?
Stap maar op, zei de giraf,
stap maar op en glij maar af.

Dikkertje Dap klom van de trap
met een griezelig grote stap.
Op de nek van de giraf
zette Dikkertje Dap zich af,
roetsjj, daar gleed hij met een vaart
tot aan 't kwastje van de staart.
     Boem!
     Au!!

Dag Giraf, zei Dikkertje Dap.
Morgen kom ik weer hier met de trap.

Bootje
JAN HANLO

Het water gaat langs de kanten heen
Het watervlak en je ivoren been

Een lam – een edelsteen – een kind –
Een bootje in de Maartse wind

Maart roert zijn staart
WIEL KUSTERS

Mijn meisje heeft een paardestaart
met speldjes en een strik.
Het regent en het waait in maart.
Maar in dat staartje heb ik schik.

Liedje van de luie week
HANS ANDREUS

Maandag
is Kalmpjes-aan-dag.

Dinsdag
is Kom-ik-begin-'s-dag.

Woensdag
is Zou-ik-het-wel-doen-dag.

Donderdag
is Dit-is-een-bijzondere-dag,

want Vrijdag
is Morgen-weer-vrij-dag

en Zaterdag
is 's Avonds-wordt-het-later-dag

en Zondag
is Eet-je-buikje-rond-dag,

dus Maandag,
tja Maandag,
dat is weer Kalmpjes-aan-dag.

De heks van Sier-kon-fleks
ANNIE M.G. SCHMIDT

Dit is de heks van Sier-kon-fleks,
ze woont in Kopenhagen.
Iedere dag doet zij wat geks
en alle mensen klagen:
O wat een heks,
wat een akelige heks,
hoe lang moet dat nog duren?
Wie wil de heks van Sier-kon-fleks
voorgoed het bos in sturen?

*Op zondag neemt zij de kolonel
en tovert hem om in een mokka-stel.*

*Op maandag doet zij niet zoveel,
dan jakkert zij op haar bezemsteel.*

*Op dinsdag eet zij een schooljuffrouw
en laat het verder maar blauw-blauw.*

*Op woensdag neemt zij het mokka-stel
en tovert het om in een kolonel.
(De vreugd is maar van korte duur:
hij zit nog onder het glazuur.)*

*Op donderdag neemt zij het dameskoor
en schuift het onder de voordeur door.*

*Op vrijdag bijt zij de griffier
en wikkelt hem in vloeipapier.*

*Op zaterdag gaat zij in 't bad,
zodat het in de rondte spat,
en verder speelt zij met haar kat
het spelletje van 'wie doet me wat'.*

Dit is de heks van Sier-kon-fleks,
zij woont in Kopenhagen.
Alle mensen staan perpleks
zoals die heks kan plagen.
O wat een heks,
wat een griezelige heks,
't is niet om te verdragen.
Wie wil de heks van Sier-kon-fleks
voorgoed het bos in jagen?

Leo is ziek
HAN G. HOEKSTRA

Wees maar wat stil,
en praat maar wat zacht,
want Leo, die jongen, die altijd lacht,
die zo vlug en zo lang is,
en voor niemand bang is,
Leo is ziek.

Vanmorgen heb ik hem opgezocht.
Zijn moeder deed me open.
Ze zei: 'Jij komt zeker voor Leo, hè,
kom maar mee,
zal je zachtjes lopen?'

Leo lag in bed en zag heel bleek,
het was net of hij veel kleiner leek
zo in bed met zijn nachtgoed aan.
Ik zei: 'Dag Leo, word maar gauw beter,'
en hij zei: 'Dag Peter,'
heel zachtjes,
ik kon hem haast niet verstaan.
Op een kastje naast zijn bed
waren allemaal drankjes neergezet.

Op straat scheen de zon,
een draaiorgel maakte muziek,
maar ik dacht alleen maar:
Leo,
Leo is ziek.

Ziek geweest
RIE CRAMER

Arm Hansje is heel ziek geweest,
Maar mocht vandaag beneden.
Hij zit in moeders grote stoel
   Gelukkig en tevreden.

Zijn liefste beer heeft strikjes aan
En ook de poes – Minetje,
Omdat de baas weer beter is,
En niet meer in zijn bedje.

En naast hem staat een grote taart
Die straks wordt aangesneden!
Want nu is Hansje weer gezond,
Hij kijkt naar alle kanten rond,
   Gelukkig en tevreden!

Vroeg wijs
T. VAN DEEL

Arnold stond vroeger
op dan alle andere kinderen
om voor hij naar school ging
de tuinman van het Westerpark
te helpen. Je moet er wat
voor overhebben, zei hij,
maar dan heb je ook de eerste
kastanjes en

op straat is het toch altijd ruzie.

Regengebed
BAS ROMPA

God, of wie ook zorgt voor regen,
kan het 's morgens pas beginnen
na de klok van kwart voor negen?

Anders moet ik dus dat pak aan,
oh dat vreselijke pak waarin
ik me goed voor gek voel staan.

En 't heeft geen zin om onderweg
in de regen te gaan stoppen.
Word ik nat, dan heb ik pech.

Goed, ik zit op school te plakken.
Maar dat zit de hele klas want
iedereen haat regenpakken.

Kano
FETZE PIJLMAN

Er lag een kano op twee houten schragen.
Op weg naar school kwam ik er elke dag voorbij.
Slechts twintig piek, dan was die boot van mij;
maar twintig piek moest ik m'n vader vragen.
Dat stuitte op een hele reeks bezwaren.
Al was die kano wel verdacht goedkoop
en bleef dat ding nog maanden lang te koop,
ik droomde er nog ooit mee weg te varen.

Met veel gezeur heb ik hem toch gekregen.
Hij bleek al snel zo lek als een vergiet.
Maar wie van schipbreuken geniet,
die is tot hozen best genegen.
En kreeg mijn vader het grootste gelijk,
ik was die zomer de koning te rijk.

Ramp
JAN KUIJPER

Ik had een eigen zadel, op de stang.
'k Zat liever daar dan achterop de fiets,
want voor kon 'k uitkijken, achter zag 'k niets,
behalve vaders jas, waaraan 'k me, bang
te vallen, met twee handen vasthield; iets
wat voor niet hoefde. – 'k Zat voorop, maar lang
duurde het niet, of 'k viel toch: het bedwang
van 't stuur was vader even kwijt, er blies

een stormwind over de Marathonweg.
'k Rolde over de kinderhoofdjes, en eer
'k het wist was 'k aan de overkant. 't Verkeer
was weggebleven van die lange, rechte weg, die februariochtend. 'k Zeg
(ik hoor het nog): naar school wil 'k nu niet meer.

De wereld is zo groot

Aardrijkskunde
C. BUDDINGH'

'k Was al heel jong verzot op aardrijkskunde.
Ik vond niets mooier dan wanneer we op school
een kaartje moesten tekenen en inkleuren:
blauw voor het water, groen voor het laagveen.

En later kreeg je zelf je eigen atlas.
Nooit heb 'k een boek met zoveel zorg gekaft.
Ik kon er uren over zitten dromen,
tot 't klokje van gehoorzaamheid weer sloeg.

Heel de aarde leek één fonkelend wonderrijk:
Tibet. De Andes. Het Zuidpoolgebied.
Tasmanië. Vuurland. Afrika vooral.

Onmetelijk. Oneindig. Iedere naam
was pure poëzie. Wat ben ik blij
dat er toen nog geen televisie was.

De wereld is zo groot
MIEP DIEKMANN

de wereld is zo groot
als een postzegel kost

        voor eentje van tien piek
        kom ik in Mozambique,
        voor vijfenzeventig cent
        kom ik alleen in Gent
        of in mijn eigen stad.
        Pech gehad!

de wereld is zo groot
als opbellen kost

        voor 'n kwartje per keer
        houdt al in Zoetermeer
        de wereld op.
        Superstrop!

        'Spreek ik met India? Oh... Japan!'
        Ik rek de wereld waar ik kan,
        dat gaat toch zeker automatisch
        en zeker als ik 's avonds laat kies
        heb ik goedkoper per minuut
        een gróte wereld... tuut... tuut...
        tuut...

        Dat was mijn vader! Stop eruit!
        Die zit me altijd op m'n huid
        en krijgt geregeld de kelere
        van mij en mijn telefoneren.
        Dat kost hém centen! Nou, en wat???
        Als ik er zelf het geld voor had...
        maar eeuwig is mijn zakgeld op.
Mijn wereld wordt een speldeknop
als ZIJ beslissen – duf konijn! –
hoe groot míjn wereld wél mag zijn!

Op een ijsbeer
KEES STIP

Een ijsbeer beerde zoveel ijs
dat het ging vriezen in Parijs.
In Barcelona en Madrid
werden de sinaasappels wit.
Twee kostschoolmeisjes te Mysore
zijn aan hun banken vastgevroren,
en ook een knaapje op Ceylon
dat zijn grammatica niet kon.

Leert vlijtig jongens dus en meisjes,
en eet vooral niet zoveel ijsjes.

Gods wijze liefde had 't heelal geschapen
JOHAN ANDREAS DÈR MOUW

Gods wijze liefde had 't heelal geschapen:
vol lente, net als de appelbomen bloeien;
weldadig-groen liet voor het vee Hij groeien
het gras, voor ons doperwtjes en knolrapen,

't varken om spek en ham, om wol de schapen,
om boter, kaas, melk, leer, vlees, been de koeien;
waar steden zijn, liet Hij rivieren vloeien;
het zonlicht spaarde Hij uit, als wij toch slapen.

De sterren schiep Hij, om de weg te wijzen
aan brave kooplui op stoutmoed'ge reizen;
Hij schiep kaneel, kruidnagels, appelsientjes,

het ijzer voor de ploeg, het hout voor huizen,
Hij schiep het zink voor waterleidingbuizen,
en 't goud voor ringen, horloges en tientjes.

Aardrijkskunde
DAAN ZONDERLAND

De aardrijkskunde geeft geen antwoord
Op menig interessante vraag.
Waarin bijvoorbeeld schuilt de oorzaak
Dat men moet huilen in Snikzwaag?

Woont er wellicht in Opperburen
Geen burger op begane grond?
Kent Kievitshaar geen kievitsveren?
Is zwijgen zonde in Roermond?

In welke talen converseert men
In 't Brabants Babyloniënbroek?
Waarmee bedekt men oosterbenen
In 't vreemde plaatsje Westerbroek?

Wie zit er stil in 't dorpje Wippert?
En wie is wie in 't Friese Wie?
Zijn er alleen maar kromme benen
In het Noordhollands Krommenie?

Kent men in Noordeloos geen noorden?
Wie komt in Voorin achteraan?
En moet een man in Plankenwambuis
Zijn hele leven rechtop staan?

Heeft Middenin geen buitenkanten?
Heeft Nummereen geen plaats voor twee?
Kent men in Nigtevecht geen neven?
Zegt niemand ooit in Jabeek 'Nee'?

Was de geboorteplaats van Nemo
Wellicht het dorpje Nergena?
En zijn er geen sopranen
In 't schone plaatsje Altena?

Columbus dus
LEENDERT WITVLIET

Een boot vaart voor het raam
het vloerkleed is de zee
elke stoel krijgt naam
van land of water mee

en de kast die op een flat gelijkt
waarop de kat soms ligt als ze niet krabt
waarvoor de boot de zeilen strijkt
en waarheen een reus nu stapt

nog zonder naam, nog echt
een kast met grote la
totdat de jongen zegt
die noem ik Amerika.

Op een zeeleeuw
KEES STIP

Een zeeleeuw aan de Côte d'Azur
jongleerde elke dag een uur.
'En wat,' vroeg een verbaasde geit,
'is daarvan nu de aardigheid?'
'Men moet,' zo sprak die zeeleeuw toen,
'jongleren om het oud te doen.'

Rineke Tineke Peuleschil
ANNIE M.G. SCHMIDT

Rineke Tineke Peuleschil,
bij ons in Amsterdam,
die vroeg de hele tijd maar door
hoe alles eigenlijk kwam.

Rineke Tineke Peuleschil,
die vroeg bij voorbeeld: Hee,
wáárom wáárom wáárom valt
de maan niet naar benee?

Ze vroeg het aan de bakker met
zijn dikke bolle wangen.
Die zei: Ze hebben 'm misschien
met touwtjes opgehangen.

Ze vroeg het aan de slager die
de karbonaadjes bracht.
Hij zei: Daar heb ik eigenlijk
nog nooit zo aan gedacht.

Ze vroeg het aan de melkboer en
de melkboer zei: O, jee!
Vandaag of morgen válltdie maan
misschien wel naar benee.

Ze vroeg het aan de man die het
elektra repareert.
Hij zei: Verdraaid, ik weet het niet,
dat heb ik nooit geleerd.

Ze vroeg het aan meneer Verheul,
de deftige notaris.

Hij zei: Ik denk punaises, maar
ik weet niet of het waar is.

Maar laten we 't gaan vragen aan
een hele knappe man:
de directeur van 't postkantoor.
Die weet er alles van.

Ze kwamen allemaal aan de deur
van 't grote postkantoor.
Ze vroegen 't aan de directeur,
ze vroegen het in koor:
Waarom valt de maan niet naar benee?

De directeur van 't postkantoor
zei: Wel, dat is bekend.
Daar zijn bepaalde wetten voor,
dat staat in 't reglement!

En iedereen zei: Dank u wel,
wat fijn om dat te weten!
Toen gingen ze naar huis toe om
een boterham te eten.

Maar Rineke Tineke Peuleschil
is niet zo erg tevree.
Ze vraagt nog altijd: Wáárom
valt de maan niet naar benee?

Als jullie het te weten komt,
stuur dan een telegram
aan Rineke Tineke Peuleschil,
bij ons in Amsterdam.

De mummie Toet
F.L. BASTET

Ik ben de mummie Toet
in windselen gewonden.
Wij mummies liggen goed,
In Leiden of in Londen.

Blijf hier maar even staan.
Vierduizend jaar geleden
keek ik al naar de maan
en heb de zon aanbeden.

Hees ik het witte zeil
dan zag ik krokodillen
en palmen langs de Nijl.
Apen met rooie billen.

Papyrus dat een bies is,
het ruiste er in bossen.
Ik zong een lied voor Isis,
zag op het land mijn ossen.

Die trokken traag maar staag
het ploeghout door de voren.
Het scheprad, als vandaag,
bevloeide 't kiemend koren.

Mijn vrouw ging naar de bron.
Mijn kinderen hielpen wieden.
Ver aan de horizon
zag je de piramiden.

Je kunt gelukkig zijn
ook zonder een kompjoeter.
Het water was als wijn,
de vruchten smaakten zoeter.

Ik die een mummie ben,
uiterlijk onbewogen,
heb nog mijn eigen stem
en nog mijn eigen ogen.

En wat ik heb aanschouwd
in heel mijn heerlijk leven
staat in mijn hart van goud
voor eeuwig opgeschreven.

Mijn graf in de woestijn
ligt in het zand verwaaid.
Mijn aardse schatten zijn
door rovers weggegraaid.

Maar wie mijn woorden leest
en tot zich door laat dringen
vindt rijkdom in de geest
van mijn herinneringen.

Ontmoeting
FETZE PIJLMAN

Een brok steen brak uit de rots,
duizend jaar geleden
en denderde naar beneden.

Dat was het begin van de reis
van hollen en stil staan
van rollen en breken
van zwerven en blijven steken
verschoven onder sneeuw die smelt
gemetseld in wanden
verschopt door voeten
vertild door handen
versleept naar de rivier
die een weg is waar een steen langs reist
door water op sleeptouw genomen.
Hij slaapt op de oever
hij rolt in de stroom
tot hij bij de zee is gekomen.
Dan is hij klein en glad gesleten
door golven op het strand gesmeten.

Vanmorgen ben ik van huis gegaan
en tref hem tussen de schelpen aan,
die hier na duizend jaar is beland
verwarm ik in mijn hand.

Schoolzwemmen
LEENDERT WITVLIET

Iedere maandag half negen – zomer,
herfst, winter, lente – zwemmen,
's zondags buikpijn en niet slapen,
's maandags zwemmen in het overdekte bad.

Het is er leeg. Kinderen aan een touwtje,
de schreeuwende badmeneer in korte broek,
kom op de kop er onder, het water is zo
koud, je hart klopt vlugger dan gewoon.

Soms zit je moeder, heel alleen,
op een bankje op de tegels en de man,
die badmeneer, schreeuwt minder luid
en soms, als 't vriest, hangt je juf
de jassen over de verwarming.

Iedere maandag half negen bad.

De klok en de kalender
HAN G. HOEKSTRA

Zestig seconden op een rij
en er is een minuut voorbij.
Zestig minuten tik-tik-tok
en een uur later wijst de klok.
Een dag heeft 24 uren,
een week moet 7 dagen duren,
een jaar telt 52 weken,
12 maanden zijn dan ook verstreken.
30 dagen hebben: september,
april, juni en november,
de andere hebben er 30 en één,
februari staat heel alleen,
28 heeft die er maar,
en 29 in een schrikkeljaar.

De heksenschool
MARGA BOSCH VAN DRAKESTEIN

De tovenaar van Balkenbrij
geeft lessen in de toverij.
Zo zie je massa's toverkollen
om negen uur naar school toe hollen.
Voor toov'ren moet je steeds reusachtig
studeren hoor, al word je tachtig,
dus loopt het schooltje boordevol
met bezemsteel en pruikebol.

't Is een verschrikkelijk gedrang.
De meeste neuzen zijn te lang,
en oorverdovend is het kabaal
van oor-geflap en heksentaal.
Van Balkenbrij roept eind'lijk: 'Kom,
vlug dames, zit eens netjes krom!
Nu uitscheiden met wratten tellen
en modepraat en rupsen pellen.

Jij, Kaatje, kijk niet aldoor rond,
en doe die kikker uit je mond!
Hee, Krakkemietje, zeg eens even,
bij welke les zijn wij gebleven?'
'Bij het verhaal,' zegt Krakkemietje,
'Over de heks van Hans en Grietje.'
'Juist!' zegt nu meester Balkenbrij,
'Een heel beroemde heks was zij.

Door Hans en Grietje, 't slecht gespuis,
werd zij gestopt in een fornuis.
Eéns toverde die knappe vrouw
maar één twee drie een heel gebouw
van pannekoek en suikergoed.
Zeg, wie van jullie die dat doet?'
Nu schreeuwt en tiert de hele klas,
van Hokus, Pokus, Pikus Pas!

De een al harder dan de ander
roept toverspreuken door elkander,
en regent het uit alle hoeken
nu bolussen en pannekoeken,
meest aangebrand of halfgaar.

'Hou op, hou op, uitscheiden daar,'
roept Balkenbrij, wanneer een taart
zich vastgezet heeft in zijn baard.
Een laatste oliebol vliegt dan
nog in de mond van d'arme man.

Gelukkig wordt de bel geluid,
'Mooi twee aan twee de schooldeur uit,'
roept Balkenbrij. 'En wie er stout is,
of t'ie ook negentig jaar oud is,
die schrijft mij twintig maal voor straf
de les van Hans en Grietje af!'
Daar gaat de kakelende troep
naar huis toe, voor de kikkersoep.

Een diepe zucht slaakt Balkenbrij.
''t Is gauw vakantie,' mompelt hij.

Een zak vol spijkers
ELS PELGROM

een zak vol spijkers
op je rug
en dan een berg op
en weer terug
't is waar
't is zwaar

vier rijen sommen
die moeten af
en als je niet klaar komt
krijg je straf
't is waar
't is zwaar

je speelt met je vriendjes
dan drie tegen één
die gaan vechten
dat is gemeen
't is waar
het leven is soms
verschrikkelijk zwaar

Rekenen op rijm
ANNIE M.G. SCHMIDT

Zeven zoete zuurtjes zaten in een fles,
maar ééntje rolde in de goot. Nu zijn er nog maar...
Zes zoete zuurtjes. Daar kwam een heel oud wijf,
die heeft er eentje weggepikt. Toen waren er nog...
Vijf zoete zuurtjes. Toen kwam mijn nicht Marie,
die heeft er twee gekregen. Toen waren er nog...

Drie zoete zuurtjes. Toen kwam de kruidenier,
die bracht voor mij een zuurtje mee. Toen waren er weer...
Vier zoete zuurtjes, en toen kwam tante Mien,
die deed zes zuurtjes in de fles. Toen waren het er...

Tien zoete zuurtjes. Ik at ze op, alleen.
Nu is het hele flesje leeg. Nou heb ik er geneen.

Zes
K. SCHIPPERS

Een, twee, drie, vier, vijf, zeven

Schoolbord
C. BUDDINGH'

Een maal twee is twee.
Twee maal twee moet hier zijn.
Drie maal twee is beter.
Vier maal twee is dom.
Vijf maal twee is zonde.
Zes maal twee is ook goed.
Zeven maal twee komt later.
Acht maal twee is niets.
Negen maal twee nog minder.
Tien maal twee ben jij.

Huilliedjes
ALFRED KOSSMANN

7

Vandaag heb Jantje
slaag gehad van de Schele,
der was niks aan het handje
maar de meester kon niks vele,
kreeg die eerst een schop
en een aai om zen kop
en toen met een lat
als de pest voor zen gat
en nog een rats op zen bek.
Zijn we naar huis gegaan,
heeft tie weer meegedaan,
wou die gewoon met ons spele,
watten gek!

Een dubbeltje wordt nooit een kwartje
C. BUDDINGH'

Een bromvlieg wordt nooit een lantarenpaal,
een schopstoel wordt nooit een trapgat,
een duwboot wordt nooit een trekschakelaar
en een dubbeltje wordt nooit een kwartje.

Een rupsband wordt nooit een vlinderdas,
een witkiel wordt nooit een roodborstje,
een lipstick wordt nooit een basketbalbal
en een dubbeltje wordt nooit een kwartje.

Een soepkop wordt nooit een aanvallende back,
een meetlat wordt nooit een passer,
nu ja, soms wordt een biefstuk een koude douche,
maar een dubbeltje wordt nooit een kwartje.

Een warme donderdag in mei
HAN G. HOEKSTRA

't Is warm, een warme donderdag in mei.
We hebben nog een uur biologie.
De magen van de koe. Zijn het er drie?
Daarmee staat hij nu heerlijk in de wei.

Er hangt iets van de lente in de klas.
Op 't bord staat nog een oude rekensom.
Zon. Blauwe lucht. Dat uur wil maar niet om.
Meneer de Bie draagt, née, geen mooie das.

Er zit een dikke bromvlieg op de ruit,
nu danst hij naast de pot met de cyclaam.
Hoe zou hij heten? Heeft zo'n dier een naam?
Martinus? Arie? Kijk, hij wil eruit!

Dat wil ik ook wel... Zou hij?... Ja, het lukt.
Zoemend zoekt hij de vrijheid van de straat,
terwijl meneer de Bie, na rijp beraad,
een nietig pluisje van zijn jasmouw plukt.

Hè, 't ging nog nooit zo moeilijk als vandaag.
Er slaat een klok. Dan is het kwart voor vier.
Nog even opletten. Nog een kwartier.
Zo'n koe in mei ligt wél zwaar op je maag!

Kroop de mist
JAN HANLO

Kroop de mist tussen de bomen?
Dan is het herfst.

Vloog de bonte kraai over 't dak?
Dan is het herfst.

Zaten de blaren als vanen aan de takken?
Dan is het herfst.

Gedicht voor land- en tuinbouw
JULES DEELDER

Voor het eerst een merel
horen zingen.
Het eerste witte viooltje
gevonden.
De kastanjes in bloei.

Het eerste speenkruidbloempje
gezien.
De eerste zwaluw waargenomen.
Voor het eerst gegeten zonder
lamp.

Bloeiend klein Hoefblad
gevonden.
Voor het eerst een koekoek
gehoord.
Het eerste gras gemaaid.

De kersenbomen bloeien.
De peren in bloei.
De appels in bloesemtooi.
De eerste aardbeien.
De aalbessen rijp.

De kersen rijp.
De haver op het veld rijp.
De eerste peren.
De laatste maaltijd zonder
lamp.

De eerste appels.
De eerste druiven.
Het laatste bad in de open
lucht.
Het vertrek van de zwaluwen.

Het laatste gras gemaaid.
Voor het eerste de kachel aan.
De eerste rijp.
De laatste roos.
De eerste sneeuw gevallen.

Biologie voor de jeugd
LEO VROMAN

Hoofdhaar is een knolgewas.
Jij hebt knolletjes in je huid.
Taai en herfstachtig gras
komt daar geregeld uit.
En ieder knolletje is een knoest
van o wel duizend cellen.
Studeerde je his-to-lo-gie
dan moest je die allemaal tellen.
Ik echter zeg alleen maar dit:
dat onder haar en schedelbeen
een buidel hersencellen zit,
en dat daarvan één cel alleen
wel duizende gedachten wekt.
(Dit Vriend zij U ten teken
dat een en ander wel eens lekt;
wij spreken dan van Spreken.)
Eén haartje uit je wonderhoofd
gerukt, ware zij uit je brein ontsproten,
zou je dus van een knol ter grootte
van een miljoen gedachten
hebben ontroofd;
en kon ik je zachte hersenen strelen
zoals ik nu je kruintje strijk,
dan stond wat je nu voelt gelijk
aan tien biljoen tafrelen.

Ontstelt U dus zulk vergezicht,
houdt dan Uw schedeldoosjen dicht.

Bloemen geuren
K. SCHIPPERS

Elke bloem heeft een speciale
geur. De roos, tulp, margriet,

narcis, leeuwebekje, heide,
lelietje van dalen, klaproos,

anjer, madeliefjes, krokussen,
de korenbloem. Niet allemaal

ruiken ze lekker. Bij voorbeeld
de anjer, die ruikt niet zo

lekker als de roos. De lelie
van dalen ruikt erg lekker.

Veel en veel lekkerder dan de
anjer. Dus ruik vooral niet

aan de anjer. Dit weten we
dan ook weer. Dag allemaal!

Margriet
HAN G. HOEKSTRA

Die stond tussen gras
in de weide, die was
een frisse margriet,
maar bleef dat niet.
Ze kwam voor een raam
van een huiskamer staan.
Alleen, met een smal vaasje aan.

De bozbezbozzel
C. BUDDINGH'

De bozbezbozzel lijkt wat op
Een jenk, maar heeft een klein're kop.

Zijn poten staan steeds twee aan twee
Als eenmaal bij het stekelree.

Hij hinnikt als een maliepaard,
En als het sneeuwt heeft hij een staart.

Wanneer die staart zijn kop zou zijn,
Was hij precies een spieringzwijn.

En als hij zeven staarten had,
Een kolossale kolbakrat.

Nu lijkt hij nog het meeste op
Een jenk, maar met een klein're kop.

God schiep als een voorbeeldig dier
ALFRED KOSSMANN

God schiep als een voorbeeldig dier
de nijvre mier.
Zijn tweede schepping was nog beter:
de miereneter.

Kattendeterminatietabel
JAN KAL

Wanneer je weten wil: hoe heet die kat?,
moet je eerst kijken: is hij groot of klein?
Een grote die ook zwart is heet Pepijn;
o wat een lieve slimmerik is dat.

Het moeilijkste hebben we al gehad,
want nummer twee, dat ligt dan in de lijn,
kan niemand anders dan Augustus zijn,
die grote Cyperse, iets domme schat.

Een kleine met een witte vlek is Miep:
als je haar bij je houdt onder de deken,
wil ze al gauw weer weg met veel gepiep.

De laatste is dan automatisch Mor:
die moet het doen zonder bijzonder teken,
maar blijft de hele nacht met veel gesnor.

Grote poes gaf les aan haar zoon Kattemenoel
ANNIE M.G. SCHMIDT

Ik zal je leren blazen tegen 't grote kattekwaad.
Ik zal je leren blazen tegen 't grote wafwoefwaf,
het grote wafwoefwaf dat altijd door de wereld gaat.
En als je dan goed blazen kan dan blaas je 't van je af,
Kattemenoeltje,
Kattemenoel.

Ik zal je leren spelen met je eigen mooie staart
of met een heel klein kloenseltje of met een pluisje touw.
Wij amuseren ons met niks, dat ligt in onze aard.
Die arme mensen, ach, die amuseren zich niet gauw.
Die hebben daar Wim Kan voor nodig, liefje, op zijn minst.
Wij katten kunnen zonder hem en dat is onze winst,
Kattemenoeltje,
Kattemenoel.

Ik zal je leren krabben tegen 't bloemetjesbehang
en lekker met je nagels langs de mooie nieuwe stoel.
Daar zijn de mensen razend om, dat weten we allang.
Die arme dwazen kennen niet dat zalige gevoel,
Kattemenoeltje,
Kattemenoel.

Ik zal je leren stelen uit de wiebelende pan.
Ik zal je leren kopjesgeven aan de goede man.
Ik zal je leren zwerven op de smalle daken 's nachts
met helle groene koplampen die schijnen onverwachts.
Ik zal je leren lopen op een blad met twintig glazen,
zonder er een te breken en ik zal je leren blazen.
Ik zal je leren blazen tegen 't grote kattekwaad
en tegen 't grote wafwoefwaf dat door de wereld gaat.
En dan ben jij een goede kat, zo een als ik bedoel,
Kattemenoel,
Kattemenoel,
Kattemenoel.

Dikkopjes
JAN KAL

in slootjes langs de landjes zaten prooien:
je greep voorzichtig met je blote hand
die larven bij hun lurven, om aan land
het zwemmertje in 't emmertje te gooien.

daarna thuis in een bak met glazen wand.
dikkopjes: slokopjes van watervlooien.
na een paar dagen had je altijd dooie,
ondanks slootwater en een groene plant.

twee kikkervisjes bleven slechts gespaard;
die werden door oplossing van de staart
nog tot de helft van naam en vorm beperkt.

de achterpootjes werden zeer versterkt.
uit school vond ik op 't gloeiende balkon
verdroogde kikkerlijkjes, in de zon.

De wonderen
HAN G. HOEKSTRA

De wonderen zijn de wereld nog niet uit,
maar of dat waar is moet je zelf ontdekken.
Misschien wel aan de trekvogels die trekken,
of aan de klimroos, of het fluitekruid,
of aan het vliegtuig, sneller dan 't geluid,
aan de giraffen met hun lange nekken.
De wonderen zijn de wereld nog niet uit,

ontdek het maar en zoek op alle plekken,
de sterrenpracht, je hand, je eigen huid,
de dorre boom waaraan het twijgje ontspruit,
de zon die uit de regen kleur kan wekken.
Luister, en kijk! Ontdek wat het beduidt:
De wonderen zijn de wereld nog niet uit.

Liedje voor Hannejet
HAN G. HOEKSTRA

Misschien heb je er nooit op gelet,
maar je kunt ze horen, Hannejet.
Als je heel stil bent
hoor je alle dingen,
kun je de bloemen horen groeien,
kun je de stenen horen zingen,
liedjes die niemand kent.

                Springliedjes, slaapliedjes,
                pretliedjes, gaapliedjes,
                huisliedjes, tuinliedjes,
                zee-, strand- en duinliedjes,
                eetliedjes, drinkliedjes,
                toe-wees-nou-flinkliedjes,
                waakliedjes, droomliedjes,
                pudding-met-roomliedjes,
                zwart-, bruin- en blondliedjes,
                kilo- en pondliedjes,

sterliedjes, maanliedjes,
raak-me-niet-aan-liedjes,
zingliedjes, zegliedjes,
o-zo-ver-weg-liedjes,
maartliedjes, meiliedjes,
o-'k-ben-zo-blij-liedjes,
't-regent-dat-'t-giet-liedjes,
pijn- en verdrietliedjes,

                liedjes van achter en
                liedjes van voor,
                ga zo maar door,
                ga zo maar door,
                liedjes van onderen,
                liedjes van boven,
                niet te geloven,
                niet te geloven.

Ik heb het niemand in de klas verteld
KAREL EYKMAN

Het gaat verder niemand ene moer aan
verder hoeft niemand het te weten:
mijn ouders zijn sinds vorig jaar
om zo te zeggen 'uit elkaar'
en ze vinden mij een te kleine meid
om daar het fijne van te weten.

Ze hadden nooit echt ruzie gehad
behalve, denk ik, 's avonds laat
Op een dag vertelden ze, dat
het zo niet langer gaat.
Ik heb het niemand in de klas verteld
daar heb je toch niets aan
Moeder heeft het de meester wel gemeld
die weet er dus wat van.

Pappie is erg aardig, elke maand.
Hij neemt me altijd naar iets mee.
Als ik bij hem op bezoek moet gaan
dat valt tenslotte wel mee.
Ik heb het bij mijn moeder ook heel goed.
Zij heeft nu zelf een vrind.
Ik weet niet of ik pappa zeggen moet
dat ik die ook aardig vind.

Het gaat verder niemand ene moer aan
verder hoeft niemand het te weten:
mijn ouders zijn sinds vorig jaar
om zo te zeggen 'uit elkaar'
en ze vinden mij een te kleine meid
om daar het fijne van te weten.

Jacinta
THEO OLTHUIS

Ik schreef een briefje
aan Jacinta,
dat ik met haar wou.
Maar het kwam
niet goed terecht,
want de meester zag het,
maar hij heeft gelukkig
niets gezegd
en gelukkig niets gelezen
maar zó in de prullenmand...
Fijne meester,
en Jacinta
komt nog wel...

Hoi! Expressie!
REMCO EKKERS

We zitten in de klas
te luisteren naar de les.
Daar komt Jaarsma
Expressie-materiaal.

Het busje volgeladen
met klei en kleurig papier
kan nauwelijks onder de poort
maar die mannen willen
niet lopen. Ze rijden
het schoolplein op
en laden de pakken uit.

Even later rijden ze weg
blijven steken onder de poort.
Joelend komen we naar buiten
en maken zoveel indruk
binnen het busje dat
de chauffeur met de schrik
vrij komt.

Lieverd
TED VAN LIESHOUT

Lieverd moet naar zijn kamer gaan.
Moeder wil even ernstig praten
met het bezoek, met de deuren dicht,

met lieverd uit de weg. Lieverd
klompt de trap voor de helft op
en dan af, sluipt naar het sleutelgat –

ik mag alles weten van mezelf, maar
wat is ongeoorloofd schoolverzuim?
Wat zijn concentratiestoornissen? –

Op tenen sluipt lieverd naar boven.
Lieverd zoekt in mams slaapkamer wel
naar een geheim dat hij begrijpt.

Kinderrijmpje
ELLA SNOEP

Heb jij een kind zien lopen
zo maar alleen op straat?
Zeg haar dat ze terug moet komen
haar moeder weet zich geen raad.

Heb je haar echt niet gezien?
Ze weet niet hoe ze heet.
Zeg haar dat ze leert schrijven
voordat ze haar naam weer vergeet.

Eerste woord
REMCO EKKERS

Mijn eerste woord was r aa m.
Het hing in de eerste klas
vlak onder het raam.
Later zag ik ook d eu r.

Je kon naar buiten
dan waren de woorden weg
maar hun beeld zweefde
nog in mijn hoofd.

Ik leerde dat de letters
van het woord vrij
konden fladderen
maar deze bleven samen.

Tot ik een naam
gaf aan bijna alle
dingen in de klas.
Het raam ging open staan.

Dictees
WILLEM WILMINK

Grouwe gebauwen, louwe thee,
holadio, holadié,
word je broer dominee?
Heel gemakkelijk, zo'n dictee.

Jan vermeid het komietee,
holadio, holadié,
en de mijd bleikt heel tevre,
wat gemakkelijk, zo'n dictee.

Heremejee... ik heb een twee.

A-u, o-u, a-u-w,
o-u-w of dubbel ee,
word je broer moet met dt,
wat een smerig rot-dictee.

En 't zijn niet alleen dictees
waar ik hier op school voor vrees:
ook elk opstel dat ik schrijf
staat van rooie strepen stijf.

Streep toch niet zoveel, meneer,
anders durven wij niet meer,
worden wij ons leven lang
zelfs voor brieven schrijven bang.

A-u, o-u, a-u-w,
o-u-w of dubbel ee,
d of t of een dt –
stop ermee! Stop ermee!

Opstellen
T. VAN DEEL

Ik laat een opstel schrijven
over Een boswandeling,
terwijl het buiten regent.
Dertig kinderen beginnen
met vroeg opstaan want
de zon schijnt en de vogels
zingen hun hoogste lied.
Zo vrolijk blijven kan het niet.
En ziet, de eerste druppel valt
op hun papier. Een enkeling
die niet het raam uit kijkt
houdt het met moeite droog.
De helft is vanzelfsprekend
weer vreselijk verdwaald
en weet geen uitweg meer
dan in een hut te kruipen
waar – hé – een schat verborgen ligt.
Dat is nog nooit vertoond,
wordt met een 6 beloond.

Kinderrijm
CHR. J. VAN GEEL

II

Kom kinderen kom!
er zit een rover in de ton
gevangen in de duigen
gekluisterd door de kleuters
    't is de meester, 't is geen mens
    't is een rover, een dol mens
    daar komt de politie
    steek de vlammen in hun pak
    bind ze in een jute zak
    gooi ze in het water
    op de brug houden wij feest
    stapelend tot de wolken
wij slijpen twintig dolken
een slijpsteen is de zon
wij kennen twintig wijsjes
op meester in de ton.

De grote stenen
C. BUDDINGH'

Weet je wat gek is, maar ook wel aardig:
dat de taal telkens weer achterhaald wordt
door de werkelijkheid.

Zo lees je bijvoorbeeld in
het woordenboek onder 'steen':
'op de grote stenen rijden;
de kleine stenen zijn voor de voetgangers.'

Maar trottoirs worden bijna nergens meer
van kleine stenen gelegd,
integendeel: van tegels,
en die kleine stenen zie je nu juist
haast alleen nog op rijwegen.

Zodat je, wat in het woordenboek staat,
tegenwoordig om moet draaien:
'op de kleine stenen rijden;
de grote stenen zijn voor de voetgangers.'

Ik vind zoiets aardig, jullie ook?
Of jullie alleen maar gek?

Op een konijn
KEES STIP

Bij Noordwijk zwom een nat konijn
te midden van een school tonijn.
'Tja,' sprak het beest, 'dat tomt er van
als men de ta niet zeggen tan.'

Allemaal mis!
P. VAN RENSSEN

Dag, beste kachel! Je bent me wat waard!
Nee! zei de kachel, ik bén geen kachel.
Nee! zei de kachel, ik ben een haard!

Dag, beste wekker, tik-tak-tok!
Nee! zei de wekker, ik bén geen wekker.
Nee! zei de wekker, ik ben een klok!

Dag, mooie kamer licht-van-zon!
Nee! zei de kamer, ik bén geen kamer.
Nee! zei de kamer, ik ben salon!

Dag, aardig kastje, blank en net!
Nee! zei het kastje, ik bén geen kastje.
Nee! zei het kastje, ik ben buffet!

Dag, hoge zold'ring! Loop toch rond.
Nee! zei de zold'ring, ik bén geen zold'ring.
Nee! zei de zold'ring, ik ben plafond!

Dag, klein ventje, dag, kleine Jan!
Nee! zei 't ventje, ik bén geen ventje.
Nee! zei het ventje, ik ben een man!

Neem me niet kwalijk! zei ik da'lijk!
Zo mooi als ik 't maar zeggen kon.
Wát, 'niet kwalijk', zeiden ze da'lijk,
't Héét niet 'kwalijk', 't heet pardón!

De kikker en de koe
LEO VROMAN

Een kikker knorde tot een koe.
Deze sprak later zachtjes: boe.

Beiden vonden hun gesprek
eerder te langzaam dan te gek.

De kikker vroeg dan ook een paling,
de koe een loopeend om vertaling.

Het aldus zeer verrijkte kwaken
moest alles duidelijker maken;

de paling echter en de eend
geraakten van verschil gemeend.

Zij riepen dus een wou, een wulp,
een baardvlieg en een baars te hulp.

De baars begreep dit alles niet
en wendde zich wenend tot het riet.

Het riet lispelde eerst voor zich uit;
toen boog het zich en ruiste luid.

De dieren zwegen, luisterden.
Het riet siste, en fluisterde,

het sprak tot allen tegelijk:
tot de twee honden op de dijk,

tot meeuwen, in het gras verloren
(branding nog dreunend in hun oren),

tot het wapperend graaspaard in die wei
(het hief het hoofd; het kwam nabij),

een mens opende zijn raam zelfs wat
en fluisterde: 'sssst... hoor je dat...'

moraal

tegen het spreken is gezang
dat niets beduidt van groot belang.

Poep- en piesmenuet
HANS DORRESTIJN

Hé! De woorden 'poep' en 'pies',
die zijn niet netjes, die zijn vies.
Je moet die woorden niet gebruiken,
anders ga je d'r naar ruiken!
Nee, de woorden 'poep' en 'pies'
zijn erg onnet en erg vies.

    Kakkedrolleschijtepoep.
    Hanepikkelullie.
    Poepjanknor.

Zeg rustig hardop 'siep' en 'soep',
maar zeg nooit meer 'pies' en 'poep'.
Want hoe lollig ze ook klinken,
je kan er best eens naar gaan stinken!
Nee, de woorden 'poep' en 'pies'
zijn erg onnet en erg vies.

    Kakkedrolleschijtepoep.
    Hanepikkelullie.
    Poepjanknor.

De kat van de buren
HARRIET LAUREY

Een katje met een grijze vacht
zat voor de huisdeur nummer acht.
En in de deur van nummer tien
liet zich een sneeuwwit katje zien.

Het katje met de grijze vacht
ging roerloos zitten gluren.
Toen had het lang genoeg gewacht
en zei: O juist. Nét wat ik dacht.
U bent dus de kat van de buren.

Het sneeuwwit katje zweeg een poos
en keek alleen verwonderd.
Toen werd het langzaam, langzaam boos.
Maar voordat het een antwoord koos,
telde het eerst nog tot honderd.

En eindelijk sprak het, bij honderd-elf:
De kat van de buren, dat bent u zélf!

Dan las ik weer van 't jonge, lelijke eendje
JOHAN ANDREAS DÈR MOUW

Dan las ik weer van 't jonge, lelijke eendje:
eerst zwom hij blij door 't groene licht op 't water;
toen joegen ze hem weg met kwaad gesnater,
en gooide een jongen naar hem met een steentje;

toen plaste͡ hij rond met één bevroren beentje
's nachts in een kolk; en toen ontmoette͡ hij, later,
bij de oue vrouw, die deft'ge, wijze kater
en kipje Kortpoot met 't verbrande teentje!

En stilletjes werd 't kleine eendje groot;
en vloog eens in een meer. Daar kwamen aan,

drie zwanen; en hij zei: 'Pik me maar dood!'
en boog naar 't water; en hij zag een zwaan.

En 'k had altijd, wanneer ik 't sprookje las,
een vreemd gevoel, dat 'k zelf zo'n zwaantje was.

Op het landje tussen de suikerbietjes
ELLEN WARMOND

Op het landje tussen de suikerbietjes
woonden twee padden, die zongen liedjes.

Maar ze hadden ze niet zo erg goed geleerd
en ze zongen ze allemaal verkeerd:

Witte zwanen, zwarte zwanen,
welke hennen heten hanen?

Ooievaartje, lepelaartje,
welk wit muisje heeft geen staartje?

en: In een groen groen knolle-knolle-land
stond een knol in brand, stond een knol in brand.

En van Sinterklaas Kapoentje,
die gaf zijn paard een zoentje.

En Olleke-bolleke-riebeknol,
een kip woont in een konijnehol.

De anderen dieren lachten zich krom:
Wat zijn die padden ontzettend dom!

Maar de padden zongen rustig door.
En dat er gelachen werd, liet ze koud,

want ze waren niet zo scherp van gehoor,
daardoor zongen ze ook al die liedjes fout.

Gezien in een etalage
HANNY MICHAELIS

Gezien in een etalage
een slapende cyperse kater
vorstelijk gedrapeerd
over twee met paars papier
beklede groentekistjes
en even later op de achterkant
van een geparkeerde vrachtauto:
VIULAK IK WIL GEWASEN WORDEN!
Een welbestede dag.

Wat je kan zien, maar niet kan horen
(Fragment)
K. SCHIPPERS

Een stilstaande auto
een lamp
een doosje lucifers, dat op tafel ligt
een klok, die stil staat
een standbeeld
een schilderij
een kleur
een vliegtuig, dat buiten gehoorsafstand is
een speld
een rebus
een postzegel
een oog
een chocolaatje
een weiland
een drempel
een getekend poppetje
een vingerafdruk
een plafond

Niet
JAN ARENDS

Niet
uit je neus peuteren.

Praten
met twee woorden.

Niet
doodslaan.

Geen
winden laten.

Niet
het brood nemen
waar het ligt.

Bidden
voor het eten.

En vooral
geen winden laten.

Goed zijn.

Dat is
de bijbel.

Dat is
cultuur.

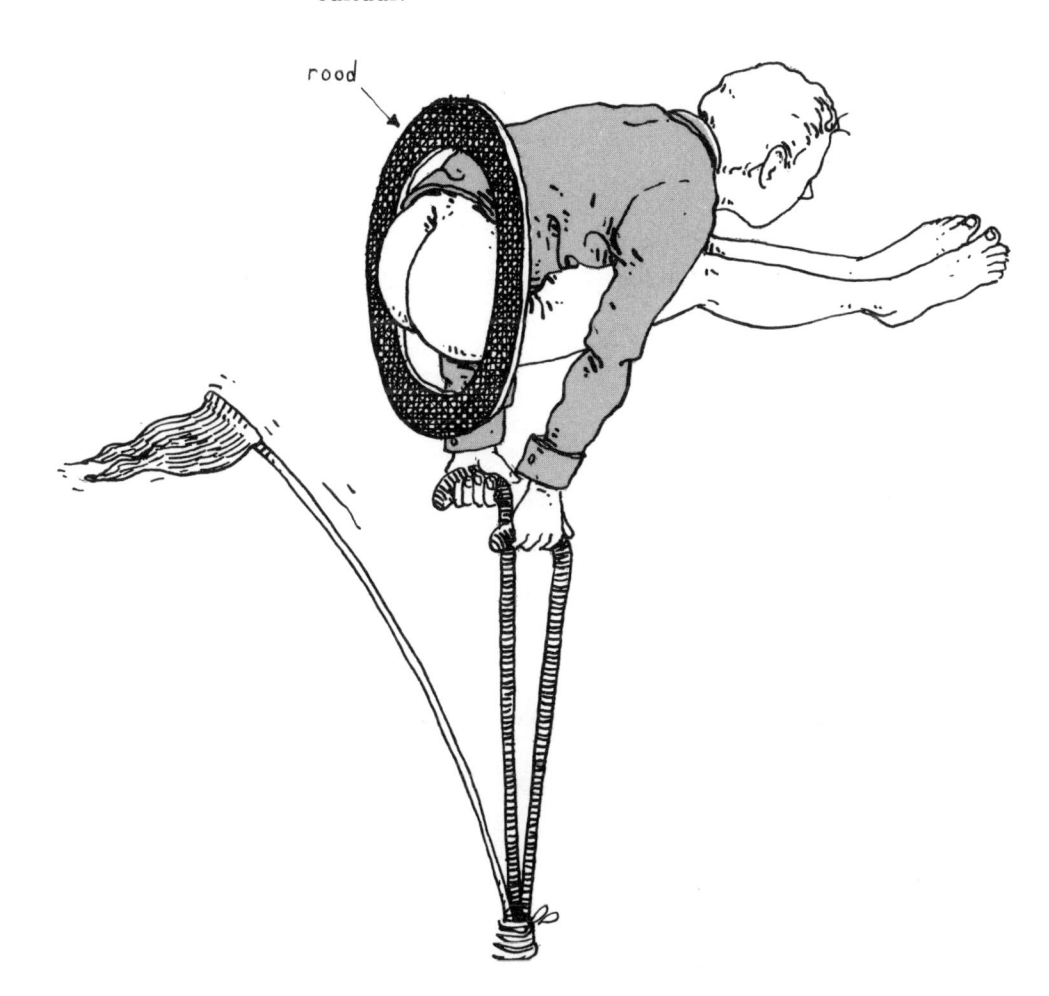

loemoem lammoem laroem lakoem
H.N. WERKMAN

loemoem lammoem laroem lakoem
bergamotse pergolas
boestroem bastroem bestroem bostroem
arboesti arboesas
oemoem ammoem aroem akoem
postolorum postolas
akroem baroem fakroem faroem
synagobi syncopas
oeloem aloem oesdroem nosdroem
akolasi rabotas
oeldroes knoeldroes boeldroes moeldroes
pastellorum crammacas
oemboem hoemboem zoemboem boemboem
castranorum castrafas

De vier koningen
DIET HUBER

De koning van Ba-bóng
die heeft een lange tong,
die rolt hij 's avonds op een spoel
en legt hem naast zich op een stoel.

De koning van Ba-bánd
die heeft een grote hand,
hij heeft een handschoen laten maken
nog groter dan een tafellaken.

De koning van Ba-boet
die heeft een dikke voet,
dat geeft de koning veel gezeur,
zijn voet kan soms niet door een deur.

Maar
de koning van Ba-bóón
die is nogal gewoon.
Hij heeft een tong, een hand, een teen
precies als iedereen.
Wel jammer. Want een aardig lied
dat maak je van zo'n koning niet.

Op een vlo
KEES STIP

Een springerige vlo te Vlij-
men sprong in allerhande rijmen van de ene regel o-
ver op de andere: hoe po-
ver is een dichter die wil grijpen wat niet huppelt naar zijn pij-
pen.

Gedicht
K. SCHIPPERS

In dit gedicht
is geen woord
te veel

Neem je er iets af
dan is het
niet meer heel

Supergedicht
MARTIN BRIL

Dit is dus een zogenaamd
Supergedicht
Niks bijzonders
Maar wel super
En een gedicht
Omdat het een gedicht is

Met andere woorden
Dus een supergedicht

Dat gaat snel zeg

Mimosa
MIES BOUHUYS

Mi mi mi... Mimosa,
net een toverspreuk,
het klinkt gek en plechtig,
het klink mooi en leuk.
Mi mi mi... Mimosa,
zingt Pim, die dat woord
– heel lang aangehouden –
buiten heeft gehoord.

Maar niet enkel Pim, hoor!
Kijk maar, ook de vrouw
hoort: mi mi Mimosa!
En wat doet ze nou?
Ze gaat naar een wagen
vol met wolken geel.
Mimimosa, zegt ze,
mimimooi... Hoeveel?

Met een wolk mimosa
staat ze in de deur.

't Hele huis wordt lichter,
't Hele huis wordt geur.
Alles wordt mimosa
alles wordt van goud.
Mimimimimosa
Nergens is 't meer koud.

Pim en Pom zijn prinsen
van mimosaland.
Naast de vaas mimosa,
– ieder aan een kant –
zitten ze te spinnen:
mimimo, mimo,
mimimo, mimosa,
Prinsen spinnen zo.

Met hun kop verscholen
in het gele pluis,
lijkt het of ze wonen
in een zacht geel huis.
Mimimomimosa...
Pim zucht: ach, waarom
zijn niet alle dingen
mimimosa, Pom?

Tegelliedje
WILLEM WILMINK

Kom ik uit mijn school vandaan,
en moet ik naar huis toe gaan,
moet ik tegels overslaan.
Een, drie, vijf en zeven,
en dan moet ik ook nog even
eenmaal tweemaal
om de lantarenpaal.

Deze tegel sla ik over
en op deze stap ik.
Vind je mij een rare vogel?
Ja, meneer, dat snap ik.

't Is een eigenaardig spel
dat ik alle tegels tel,
deze niet en deze wel.
Drie, vijf, zeven, negen,
dan kom ik een boompje tegen,
hink ik op mijn linkerbeen
om dat boompje heen.

Deze tegel sla ik over
en op deze stap ik.
Vind je mij een rare vogel?
Ja, meneer, dat snap ik.

Tegels tellen met je voet,
en waarom je zoiets doet,
dat begrijp je zelf niet goed.
Zeven, negen, ellef,
't gaat alhaast vanzellef.
't Is een raar geval –
moeder! dag! daar ben ik al!

Meneer, wat ben je aan het doen?

Kwakwadonk
HANS DORRESTIJN

'Meneer, wat ben je aan het doen?'
'Ik knipknip het gras voor mijn fatsoen.'
'En meneer, wat doet je vrouw?'
'Guusje, doe toch niet zo flauw.
Vraag niet naar de bekende weg.
Je ziet het toch: die knipt de heg.'
'En waarom veegt die man de straat?'
'Nog één zo'n vraag en ik word kwaad.'
'Meneer, waarom is het hekje stuk?'
'Jaja, tapneuzen Zwitser, huppelkruk.'
'Meneer, meneer, ik hoor niet wat u zegt.'
'Jaha joho, Malleberg letterknecht,
kiedewiet en hoorndol,
wiedewagen oliebol,
kwakwadonk, ja blabladus,
de groeten aan je grote zus.'
'Meneer, waarom doe je toch zo gek?'
'Lievekleinehoujebek.'

En niemand die luisteren wou
ANNIE M.G. SCHMIDT

Dit was dan de freule van Roets-Fiedereele,
die iedere dag op de harp zat te spelen,
zij speelde zo prachtig van ring pingeling,
maar niemand die ooit naar haar luisteren ging.
Zij speelde sonates en ook sonatines,
en riep op een keer: Kom, mijn huisknecht Marinus!
Jawel! zei Marinus. Wat is-ter, wat is-ter?
Ga naar de baron, en ga naar de minister,
ga naar de majoor en de kolonel:
ik geef een concert; misschien komen ze wel.
Marinus ging heen, om het mede te delen:
De freule van Roets-Fiedereele zal spelen.
Maar ja, de minister
was ook niet van gister,
en zelfs de baron
zei, dat hij niet kon.
En de kolonel
geloofde het wel,
en ook de majoor
die gaf geen gehoor...
Zo was het nu eenmaal, zo stond het nou,
en niemand en niemand die luisteren wou.

En toen zei de freule van Roets-Fiedereele:
Moet ik dan voor niets op die harp zitten spelen?
Mijn fraaie sonates, mijn pracht-sonatines,
voor helemaal niemand? Kom, huisknecht Marinus!
Ga heen, neem de fiets en ga overal bellen,
ga iedereen van mijn concerten vertellen!
En nodig ze uit! Je moest maar eens gaan
naar de advocaat en de kapelaan;
ga heen, en vertel het ze allemaal:
de ingenieur en de admiraal!

Marinus ging heen om het mede te delen:
De freule van Roets-Fiedereele zal spelen!
Maar de kapelaan die vond er niets aan,
de ingenieur
riep: Weg van m'n deur,
de admiraal
was niet muzikaal,
en de advocaat
wou niet meer op straat...
Zo was het nu eenmaal. Zo stond het nou
en niemand en niemand die luisteren wou.

Wel, wel, zei de freule van Roets-Fiedereele,
voor wie moet ik hier dan de harp zitten spelen?
Och, ga even kijken, mijn huisknecht Marinus,
ga kijken, of ergens nog iemand te zien is.
Marinus zei: Freule, hier te uwen huize
zijn enkel de muizen, alleen maar de muizen.
Wel, zei toen de freule, laat binnen, laat binnen,
dan ga ik meteen mijn concert maar beginnen!
Ze speelde van ping pingeling, pingelang!
Daar kwamen de muizen van achter 't behang,
ze dansten de polka bij deze muziek,
ze waren een dankbaar aandachtig publiek.

En toen het stuk uit was, toen kwam er applaus!
Eén muisje, dat klom in de freule haar kous,
en riep: Zó mooi hebben we nooit horen speulen!
Lang leve de freule! Lang leven de freule!

een racefiets kan je
VALENTINE KALWIJ

een racefiets kan je
met fatsoen berijden
een racefiets of een auto
en voor het werk eventueel
een toerfiets of een Fongers
of
heel alternatief
een wrak
knalrood geverfd of geel
of roest met witte stippen
een motor gaat nog net
en lopen mag
mits met de juiste outfit
maar brommers...
daarvoor moet je
60 zijn en krom
of 16 en lawaaierig en dom

Fiets
THEO OLTHUIS

toen ik vanmiddag
buiten kwam
en de lege muur
heb ik zo lang gekeken
tot ik het begreep...
m'n tranen keurig weggeslikt
– gek, je fiets gepikt
en dat je dan moet janken.

De wielrenner
KAREL EYKMAN

Kijk daar rijdt hij:
Piet van Dijk!
Kom kijken voor de ramen
of langs de straten, allemaal samen.
Kijk, daar rijdt hij,
Piet van Dijk!

Meteen al van de start vanaf het schoolplein
daar schiet hij weg, en hard. Dat zal wat moois zijn
als Piet van Dijk de eerste bocht gaat nemen!
Dan hangt hij scheef, draait soepel met zijn benen!
Ach, nu moet hij piepend remmen
voor een dame en twee trammen.

Daar haalt een man hem in. Maar dames en heren
denk heus niet dat díe wint met demarreren
want Piet van Dijk, hij stampt op de pedalen!
Hij krijgt weer vaart, hij gaat hem nou inhalen!
De man wil nog de bocht afsnijden
maar buitenom komt Piet aanrijden.

Nou ligt hij weer ruim voor, de rest ligt achter.
Zijn tempo gaat maar door, zijn stijl is prachtig!
Kijk Piet van Dijk de laatst sprint nog racen!
Hier woont hij zelf, hier moet de finish wezen.
Moeder zegt: 'Wat moet jij hijgen.
Als prijs kan jij een kop thee krijgen…'

Piet-kijk-toch-uit
JAC. VAN HATTUM

Piet-kijk-toch-uit
rent over straat,
en maakt chauffeurs
en fietsers kwaad;
waar dat-ie gaat,
knarst steeds een rem
van autobus
of fiets of tram.
Piet-kijk-toch-uit
brengt ieder keer
stagnatie in
het snelverkeer.
Een kwaaie dag
komt Piet niet thuis:
hij ligt gewond
in 't ziekenhuis.

De race-auto
HANS ANDREUS

Ik heb een race-auto gebouwd
van oude planken, stukken ijzer,
een fietsketting, een olieblik,
't omhulsel van een oude geiser,
vier wielen van een kinderwagen
die stond te roesten in de schuur,
één heel groot tandrad en twee kleintjes,
't wiel van een kruiwagen als stuur.

En als ik rij, roept iedereen:
Hé, let eens op je snelheidsmeter!
Jij vliegt gewoon over de straat!
Jij bent een kilometervreter!
– Alleen, die schoongewassen Johnny
die in zo'n plaatjesauto rijdt,
zo'n bijna echte die heel duur is,
zegt niks maar blaast zich op van nijd.

Want niemand haalt mijn race-kar in,
al heeft hij ook de duurste wagen.
Ik ben de schrik van het trottoir.
Dat moet je aan de buurt maar vragen!
Maar moeder zegt: mijn beste jongen,
die auto is het ergste niet,
maar ga nou niet een vliegtuig bouwen,
want dan doe je me echt verdriet.

Op de step
ANNIE M.G. SCHMIDT

Op de step, op de step.
'k Ben zo blij dat ik 'em heb
en nou es even zien –
waar rij ik nou naar toe,
naar Purmerend misschien?
Ik weet alleen niet hoe.

Toen zag ik die pastoor.
Bent u misschien bekend?
Weet u misschien de weg
naar Purmerend?

Ja zeker wel, zei de pastoor,
je gaat rechtuit en al maar door;
kijk, zie je die kapel;
die ken je ongetwijfeld wel
en als je daar dan bent
vraag dan de weg naar Purmerend;
dag, vent.

Op de step, op de step.
'k Ben zo blij dat ik 'em heb.
Toen zag ik die mevrouw.
Bent u misschien bekend?
Weet u misschien de weg
naar Purmerend?

O zeker wel, zei die mevrouw,
je rijdt maar door, tot dat gebouw,
dat is een modezaak;
daar kom ik zelf *ontzettend* vaak
en als je daar dan bent
vraag dan de weg naar Purmerend;
dag, vent.

Op de step, op de step.
'k Ben zo blij dat ik 'em heb.
Ik zag een ambtenaar.
Bent u misschien bekend?
Weet u misschien de weg
naar Purmerend?

Eens even zien, zei d' ambtenaar,
hier is een formulier; zie daar
en maak vooral geen fout;
dit moet in tweeëntwintigvoud
en als u zover bent
vraag dan de weg naar Purmerend;
dag, vent.

Op de step, op de step.
'k Ben zo blij dat ik 'em heb.
Toen zag ik een chauffeur.
Bent u misschien bekend?
Weet u misschien de weg
naar Purmerend?

Ja zeker wel, zei die chauffeur,
je bent nét aan de goeie deur;
met 'n tikkeltje geluk
maak ik die step vast aan me truck
en ik sleep je het hele end
naar Purmerend, naar Purmerend,
naar Purmerend.

Geheim
WIEL KUSTERS

Ik heb een broer
die radio's kan bouwen.
En mijn zus gaat
bijna trouwen.

Ik heb een geheim:

in dit potje zit slijm.

Ik kan van shampoo
smurfensnot maken.
Ik kan veel meer
dan ik vertel.

Dat slijm is eigenlijk geen geheim.
Mijn moeder is dat slijm goed zat.
Ik knoeide het een keertje
op de mat.

Bah, als je geheim
op de vloer blijft plakken,
kun je wel door de grond
heen zakken.

Ik heb een touw
IENNE BIEMANS

Ik heb een touw
om vast te binden
alles wat ik mooi kan vinden.
Alles waar ik veel van hou
bind ik vast
aan mijn slingertouw.

Een groot geheim
WILLEM WILMINK

'k Heb een stukje touw gevonden,
heb het in een doek gewonden,
en begraven bij een steen.
Niemand weet het.
Ik alleen.

Rommel
KAREL EYKMAN

Dopjes van de colaflesjes,
scheermes-doosjes zonder mesjes,
En ook nog: marspapiertjes kauwgumplaatjes
zeven korte rode draadjes.

Dopjes van de colaflesjes,
scheermesdoosjes zonder mesjes,
marspapiertjes, kauwgumplaatjes,
zeven korte rode draadjes
En ook nog: sinasrietjes in een zakje
elastiekjes aan een takje.

Dopjes van de colaflesjes,
scheermesdoosjes zonder mesjes,
marspapiertjes, kauwgumplaatjes,
zeven korte rode draadjes,
sinasrietjes in een zakje,
elastiekjes aan een takje.
En ook nog: schroeven, spijkers, moeren,
stekkers met daaraan nog snoeren.

Als ik je dan zeg:
'dat is toch niets meer waard?'
Als ik dan zeg:
'moet dat nu echt bewaard?'

Dan weet ik dat je zegt:
'nee echt
dat mag niet weg!'
omdat je dat *spaart*.

Moeder
ED FRANCK

Moeder,

Je had 't niet mogen doen
Als je mijn kamer
opruimt
en dingen verplaatst
dan wordt alles
ordelijker maar
minder van mij.
Goed,
dat slik ik door.
Maar
dat tekstje
aan de muur
het was geen vodje
papier met
zomaar woorden,
het was
het is
niet uit te leggen
want je hebt het
weggegooid.
Nooit had je
dat
mogen doen.

Woensdag
ANDRÉ SOLLIE

Woensdagmiddag: eindje joggen.
Drie uur stipt: pianoles.
Langs de bib (m'n boekbespreking);
voetbaltraining: kwart voor zes.

Douchen kan ik wel vergeten;
bakje yoghurt, lekker snel.
Tekenklas om klokslag zeven;
op m'n fiets, dat haal ik wel.

Ben ik thuis zo iets voor tienen;
mams bakt nog een omelet.
Er is niks op televisie;
ik ben moe, ik ga naar bed.

'k Denk nog net voor ik in slaap val:
morgen toets geschiedenis...
Aan 't ontbijt dan maar eens kijken
wat precies de UNO is.

Zakgeld
KAREL EYKMAN

Wat moet je met een rijksdaalder aan?
Een riks, dat is toch niks gedaan?
Je kan wel naar de hoek hier lopen
om 2 x kroket
1 x patat met
en 20 meter drop te gaan kopen.
Nee, ik denk dat ik het een week ga bewaren
om zo vijf gulden bij elkaar te sparen
en dan naar de overkant te lopen
om een nieuwe Asterix
of ouwe Lucky Luke
Donald Duck en Tina te gaan kopen.

Wat moet je met vijf gulden aan?
Vijf gulden is toch niks gedaan?
Ik kan wel naar de overkant gaan lopen
om een nieuwe Asterix
of ouwe Lucky Luke
Donald Duck en Tina te gaan kopen.
Nee, ik denk dat ik het een maand ga bewaren
om zo tien gulden bij elkaar te sparen
en dan naar de hoek te gaan lopen
om die plastic telefoon
met echte zoemertoon
en rood en gele draadjes te gaan kopen.

Wat moet je met tien gulden aan?
Tien gulden is toch niks gedaan?
Ik kan wel naar de hoek hier lopen
om die plastic telefoon
met echte zoemertoon
en rood en gele draadjes te gaan kopen.
Nee, ik denk dat ik het drie jaar ga bewaren
om zo 300 piek bij elkaar te sparen
en dan de stad in te gaan lopen
en een bandrecorder met
batterijen en cassette
en kleine microfoon te gaan kopen.

Maar ik denk dat duurt nog zó en zó veel jaren
zou ik dan voor na mijn dood nog blijven sparen?
Ik ga maar naar de overkant lopen
om 2 x kroket
1 x patat met
en 20 meter drop te gaan kopen.

Het vlugste of het langzaamste
KAREL EYKMAN

We doen, we doen
wie het langzaamst kan fietsen.
We doen, we doen
wie het vlugst slapen kan.
We doen, we doen
wie het langzaamst kan niezen.
Zo'n wedstrijd, zo'n wedstrijd,
daar hou ik wel van.
Heeft er al iemand gewonnen?
Nee, we deden zo langzaam,
't was nog niet begonnen!

We doen, we doen
wie het langzaamst kan vallen.
We doen, we doen
wie het vlugst kijken kan.
We doen, we doen
wie het langzaamst kan ballen.
Zo'n wedstrijd, zo'n wedstrijd,
daar hou ik wel van.
Heeft er al iemand gewonnen?
Nee, we deden zo langzaam,
't was nog niet begonnen.

Het mannetje Haastje-rep
ANNIE M.G. SCHMIDT

Op de piano, tussen de bloemen,
zit een klein mannetje mee te zoemen,
en als jij speelt van do-re-mi...
dan zingt dat mannetje: sol-la-si...
en als jij speelt, zoals het moet,
als je 't voorzichtig en langzaam doet,
dan schudt dat mannetje met zijn kop,
dan roept dat mannetje: *Schiet toch op!*
Dan ga je jakkeren, dan ga je jachten
zonder te rusten en zonder te wachten,
dan gaat het fout en dan gaat het mis!
Weet je soms ook, wie dat mannetje is?
Boven op die pianoklep?
Dat is het mannetje Haastje-rep!

En wanneer jij zit te breien,
zit dat mannetje altijd bij je.
Denk erom, je kunt 'm niet zien,
hij zit in de klok, misschien,
als jij je draadje om wilt slaan
– omslaan, doorhalen, af laten gaan –
schudt dat mannetje met z'n kop,
roept dat mannetje: *Schiet toch op!*
Dan ga je jakkeren, dan ga je jachten
zonder te denken en zonder te wachten.
Floep, daar valt alweer een steek,
dan zeg je een beetje bleek:
Gek, ik weet niet wat ik heb...
't Komt door het mannetje Haastje-rep.

Zit jij met je schrift vol sommen,
zit dat mannetje mee te brommen.
Zit hij, zonder dat je 't weet,
boven op het schoorsteenkleed.
Als jij je cijfertjes netjes tekent,
als jij zonder fouten rekent,
schudt dat mannetje met z'n kop,
roept dat mannetje: *Schiet toch op!*
Kijk, dan schrijf je haastig even
weer een 8 in plaats van 7,
altijd fout en altijd mis,
als dat mannetje daar is.
Pas toch op, Marietje en Bep,
voor het mannetje Haastje-rep!!!

Modern aftelrijmpje
HANS ANDREUS

Iene miene
wasmachine,
Jan zit op z'n skoetertje,
toetert met z'n toetertje,
Ma gaat weer uit brommen,
kom nou maar weeromme,
alle boodschappen in huis,
Annemieke is niet wijs,
die zit aan de ijskast vast,
wie of nou de afwas wast?
Vader kijkt naar de tv,
ergert zich weer bont en blauw,
draai aan 't knoppie, weg er mee,
weg met jou.

Gekortwiekt raakt de voetballer
GERRIT BAKKER

Gekortwiekt raakt de voetballer
de bal niet met zijn handen.
Hij doet het met zijn voet.
De kieper grijpt hem in zijn vlucht
met uitzonderlijke handen.
De vleugels van het elftal,
het overspel,
de schijnbeweging voor het schot;
met zijn hoofd in zijn handen
hangt de doelman in het net,
het doelpunt is gezet.

Langs de lijn
BAS ROMPA

Ik heb twee lange linker benen,
aan elk been een grote linker voet.
Ik ben een type voetballer dat
het buiten het veld het beste doet.

Bij het kiezen van de elftallen,
wat door de aanvoerder wordt gedaan,
staat een ding onveranderlijk vast:
Ik zal weer reserve mogen staan.

Mijn rol is langs de lijnen lopen
tot er iemand uitvalt na een lel.
Dus, wordt de strijd sportief gestreden
dan loop ik twee helften buiten spel.

Ik volg het duel vanaf de kant
en krijg wel kijk op de voetbalsport.
Ik geef bruikbare aanwijzingen.
Als ik later nu eens trainer word?

De schalmei
J. SLAUERHOFF

Zeven zonen had moeder:
Allen heetten Peter,
Behalve Wanjka die Iwan heette.

Allen konden werken:
Eén was geitenhoeder,
Eén vlocht sandalen,
Eén zelfs bouwde kerken;
Maar Iwan die Wanjka heette
Wilde niet werken.

Op een steen in de zon gezeten
Bespeelde hij zijn schalmei.

'O, mijn lieve,
Mijn lustige,
Laat mij spelen.
In de schaduw van mijn
Korte rustige vallei
Laat andren werken,
Sandalen maken of kerken.
Wanjka heeft genoeg aan zijn schalmei.'

Vissenconcert
ANNIE M.G. SCHMIDT

Omdat de vissen zich zo vervelen...
omdat het leven zo treurig werd,
gaan ze een beetje piano spelen,
geven ze samen een groot concert.
Twee kleine vorentjes
spelen op horentjes
en een sardientje speelt op zijn fagot.
Hup falderie, zegt de bot.

Sommige baarzen en sommige blieken
houden van Mozart en Mendelssohn;
willen alleen maar dat hele klassieke
en het klinkt allemaal wonderschoon.

Een der forellen
speelt *Unter den Wellen*
heel in z'n eentje gezapig en kalm...
Schei daarmee uit... zegt de zalm.

Laten we allemaal 't zelfde spelen,
dat is veel prettiger bij een orkest.
En al de snoeken en al de makrelen
beginnen opnieuw en ze doen zo hun best.

Enkel de oester
speelt woester en woester,
hij heeft bijzonder veel temperament.
Husj... zegt de dirigent.

Voor in 't orkest zitten veertig garnalen.
En de solist is een stokoude kreeft;
hij heeft dat innige muzikale
wat men maar zelden heeft.
Vier kleine karpertjes
spelen op harpertjes,
spelen het vissenkwartet tot besluit.
Pringgg... en dan is het uit.

Iedereen klapt enthousiast in zijn vinnen
en twee bekoorlijke zeemeerminnen
zeggen: Dit willen we nimmer meer missen!
Iedere week een concert van de vissen!

Robbie
ED FRANCK

Robbie,

Gisteren, dat ballet!
Ik zweefde
even
in mijn stoel!
Na het applaus
ging iedereen naar buiten
doodgewoon
alsof er niets veranderd was.
Maar ik
liep stuntelig
mijn lichaam was
opeens
heel groot en lomp geworden.
Het mindert,
langzaam.

Circusliedje
ANNIE M.G. SCHMIDT

Mee met het circus de wereld door,
dat wil ik wel, daar teken ik voor,
mee met het circus naar andere steden
om daar dan 's avonds op te treden,
Londen, Madrid en Singapore,
mee met het circus de wereld door.

Al mocht ik alleen maar
de hokken schoonmaken,
de wagens aanvegen,
de beren bewaken
of mee helpen sjouwen
met zeilen en touwen,
al mocht ik maar even
de leeuw eten geven,
het lijkt me zo fijn om erbij te wezen,
   maar liefst als artiest
    aan de trapeze.
't Lijkt me zo fijn om erbij te wezen
   aan de trapeze,
   aan de trapeze.

Mee met het circus de wereld door,
daar voel ik voor, daar teken ik voor,
mee met het circus, dan hier en dan ginter,
mee in de zomer, mee in de winter,
Brussel, Berlijn en Baltimore,
mee met het circus de wereld door.

Al mocht ik alleen maar
de olifant wassen,
al mocht ik alleen maar
op 't zeehondje passen,
de tent helpen bouwen,
de kisten versjouwen,
de kooien afboenen,
de koorddanser zoenen,
het lijkt me zo fijn om erbij te wezen,
    maar liefst als artiest
      aan de trapeze.
't Lijkt me zo fijn om erbij te wezen
    aan de trapeze,
    aan de trapeze.

Houdini zoekt het juiste woord
K. SCHIPPERS

Een toverboek weg toveren
en dan een ander toverboek
kopen of zoeken
om te lezen
hoe je het eerste
weer terug kunt toveren:
je bent de goede spreuk vergeten

Er is een boek
IENNE BIEMANS

Er is een boek,
je kent het niet,
het is nog niet geschreven.
De bladen zijn
tot op vandaag
nog wit en leeg gebleven.
Ik vond het in mijn vaders kast
van stof grijs en vergeten.
Als ik het niet gevonden had
zou niemand ervan weten.

De mislukte fee
ANNIE M.G. SCHMIDT

Er was er 's een moeder-fee.
En had ze kindertjes? Ja, twee.
Twee kleine feeënkindertjes
met vleugeltjes als vlindertjes.
Ze waren beiden mooi en slank,
maar 't ene kind was lelieblank,
zoals de feetjes wezen moeten
en 't andere kind zat vol met sproeten.

De moeder was heel erg ontdaan.
Ze waste 't kind met levertraan,
met katjesdauw, met tijgermelk,
ze doopte 't in een bloemenkelk,
maar 't hielp geen steek, o nee, o nee,
het was en bleef een sproetenfee.

M'n dochter, zei de moeder toen,
nu kan ik niets meer aan je doen.
Je bent als fee (zacht uitgedrukt)
volledig en totaal mislukt.

Ga naar de koning Barrebijt
en zeg daar: Uwe Majesteit,
m'n moeder doet de groeten.
Ik ben een fee met sproeten.

Wellicht neemt koning Barrebijt
je dan in dienst als keukenmeid.
Die man heeft altijd wel ideeën
voor min of meer mislukte feeën.

Het feetje ging direct op weg.
Het sliep 's nachts in de rozenheg
en 't prevelde de hele tijd:
O Sire, Uwe Majesteit,
m'n moeder doet de groeten.
Ik ben een fee met sproeten.

En toen ze aankwam in de stad
stond ze te trillen als een blad.
De koning opende de deur
en zei: Gedag, waar komt u veur?

En wit van zenuwachtigheid
zei 't feetje: Uwe Majesteit,
m'n moeder doet de groeten.
Ik ben een spree met foeten.

Wel, sprak de koning heel beleefd,
ik zie wel dat u voeten heeft,
maar u bent, op mijn oude dag,
de eerste spree die ik ooit zag.

Toen heeft hij dadelijk gebeld
en 't hele hof kwam aangesneld.
De koning zei: Dit is een spree.
Iets héél bijzonders. Geef haar thee
en geef haar koek. En geef haar ijs.
Ze blijft hier wonen in 't paleis.

Nu woont het feetje al een tijd
aan 't hof van koning Barrebijt
en niet als keukenmeid, o nee!
Ze is benoemd tot opperspree.

Ze heeft een gouden slaapsalet
en gouden muiltjes voor haar bed.
En alle heren aan het hof
die knielen voor haar in het stof.
Waaruit een ieder weer kan lezen
dat men als fee mislukt kan wezen
maar heel geslaagd kan zijn als spree.
Dit stemt ons dankbaar en tevree.

De lezende jongen
WILLEM DE MÉRODE

Hij houdt van boeken over Indianen.
En zelf is hij zo teder van gemoed,
Dat hij geen kwaad denkt en geen onrecht doet.
Toch leest hij graag van strijd en bloed en tranen.

't Paard kniegeklemd, of hangend aan de manen
Jagen zijn helden door de grazen vloed
Der prairies, en hun gulzig mes behoedt
De vriend in doodsgevaar op al zijn banen.

Hoe gretig leeft hij met de mannen mee.
Hij balt zijn vuisten en hij houdt zich reê
Te steken, wreed van mond en hard van ogen.

Hij ziet hun kamp met het rood flakkrend vuur
En voelt rondom zich als een sterke muur
De scherpe waak van mes en bijl en bogen.

Boek
THERA COPPENS

Nee ik heb niet gehuild
waarom zou ik huilen?

misschien word ik
wel verkouden...

– ze hoeven het niet te weten
van die twee wezen
ik heb het in één adem uitgelezen
van die ene die langs de weg stond
en hoe ze tenslotte toch nog

haar moeder terugvond
toen alles goed was afgelopen
zijn mijn tranen op de laatste
bladzijde gedropen –

Nee ik heb niet gehuild
waarom zou ik huilen?

Ik moet even naar de bieb
om mijn boek te ruilen.

Lezen
LEENDERT WITVLIET

De kinderen en grote mensen
uit de boeken die je leest,
ken je soms
nog beter dan die
uit je eigen straat.

Je leest in de kamer in de winter,
een paar uur lang,
de kat wil in de sneeuw
een mees hipt naar het raam
je weet wat beide willen.

De tijd gaat verder,
het sneeuwt – het dooit al in het boek –
helden worden oud
jaren vliegen om
met het omslaan van een blad.

Zo thuis een paar uur lezen
over plaatsen ver van deze.
De wereld van het boek, zo bekend
als het verlangen van de kat,
de mezen in de winter,
en de dingen om je heen.

Bij de Hubbeltjes thuis
HAN G. HOEKSTRA

Bij de Hubbeltjes thuis is het altijd feest,
want de kat is jarig (of pas geweest),
of Joep Hubbeltje heeft zo'n mooi paasrapport,
of Mies Hubbeltje heeft d'r haar weer kort.

Er is altijd iets vreemd, of iets weg, of niet pluis,
altijd iets aan de hand bij de Hubbeltjes thuis,
pa staat te poetsen of ma staat te witten,
of Jaap is in de brandnetels gaan zitten...

Maar op zekere dag pakken de Hubbeltjes
uit hun spaarpotten al hun dubbeltjes,
ze gaan naar een winkel en komen vlug,
elk met een pakje bij zich, terug.

En even daarna zijn ze stil als een muis,
is het vreselijk stil bij de Hubbeltjes thuis.
En waar je ook kijkt, in iedere hoek,
zie je allemaal Hubbeltjes met een boek.

Meneer van Dommelen
HANS ANDREUS

Heb je wel gehoord van meneer van Dommelen,
dat is een meneer met een bolhoed op.
Je ziet hem in alle speeltuinen schommelen
met altijd dat bolhoedje op z'n kop.

Heb je wel gehoord van meneer van Dommelen
die zwemt alle zwembaden op en neer.
Dan zie je die hoed op z'n bolletje bommelen,
dan hoor je hem roepen: 't Is zwemmerig weer!

Heb je wel gehoord van meneer van Dommelen,
die staat als een sneeuwpop vóór in je tuin.
Twee kraaien zijn op z'n kop aan het rommelen
en dáárom staat nu z'n bolhoedje schuin.

Heb je wel gehoord van meneer van Dommelen
of denk je misschien dat-ie niet bestaat?
Pas op! of je hoort hem de trap op stommelen,
z'n bolhoed vooran en van Dommelen kwaad!

Mooi hoedje
K. SCHIPPERS

Een twee drie vier
hoedje van
hoedje van
een twee drie vier
hoedje van
blauw
fluweel
met
diamanten knoopjes

Naar het Engels van John William Hatter

Allerschoenen
PIERRE KEMP

Ik houd een allerschoenendag,
allerschoenen aan de voeten
en een bijzondere schoenenvlag
zal daarbij wappren moeten.
De straten zijn vol van hun geluid,
de schoenen lopen in en uit,
in groepen, soms in stoeten.
En oude schoenen heel alleen,
die weten soms niet meer waarheen.
Daar zal de vlag voor groeten.

Bloem
A. KOOLHAAS

Deze bloem
op mijn hoed
is geen bloem
maar van goed.

Ooh had ik maar een bootje

Ooh had ik maar een bootje
MARTIN BRIL

Ooh had ik maar een bootje
Als ik dan ook een ponnie had

Dan reed ik met mijn ponnie
Naar mijn bootje en ging ik
Met mijn bootje naar de zee

Ooh had ik maar een bootje

Zomer
GERRIT KROL

Het land is warm.
De weg is wit.

Het duin is leeg.
De zee is stil.

De zon is grijs.
De dag is heel.

Voor de gelegenheid
RICHARD MINNE

De zee is idioot:
Wat water, een boot;
en even later:
Een boot en wat water.

De zee is idioot:
de boot in het water
en even later
het water in de boot.

De zee
JUDITH HERZBERG

De zee kun je horen
met je handen voor je oren,
in een kokkel,
in een mosterdpotje,
of aan zee.

Vliegeren aan zee
REMCO EKKERS

We holden het duinpad af
met rooie gezichten en kleurige vliegers.
Op het strand ontrolden we de staarten
en lieten de vliegers gaan op de wind.

Achter ons de zee die we hoorden
toen onze vliegers klapperden in de lucht.
Eindelijk rust, strak stond het touw
en we begonnen ons al te vervelen.

Maar weer hoorden we de zee.

Op een kwal
KEES STIP

'Helaas,' zegt een bedroefde kwal,
'de aarde is een tranendal,
een zee van zuchten en geween.
Waar zwalpt het blinde lot ons heen?'
En zelf geeft hij meteen het antwoord:
'Ik weet het al: we gaan naar Zandvoort.'

zet het blauw
WILLEM HUSSEM

zet het blauw
van de zee
tegen het
blauw van de
hemel veeg
er het wit
van een zeil
in en de
wind steekt op

Naar zee
J.P. HEIJE

Ferme jongens, stoere knapen,
Foei, hoe suffend staat gij daar!
Zijt ge dan niet welgeschapen,
Zijt ge niet van zessen klaar?
Schaam' je, jongens! en ga' mee
Naar de zee, naar de zee!

Dat 's een leven van plezieren,
Dat 's een leven van stavast,
Zo de wereld rond te zwieren
In het topje van de mast,
Thuis te zijn op iedre ree...
Kom, ga' mee naar de zee!

Ben je een hachje... vaar ten oorlog
('t Is, eilaas! méést voor de grap...;)
'k Weet een allerbest kantoor nog,
Als je wilt ter koopmanschap;
Maar, óf ge oorlog zoekt óf vreê,
Alle twee vindt ge op zee.

Laat ze pruilen, laat ze druilen,
Laat ze schuilen aan het strand;
Loop' Jan Salie op zijn muilen,
Jan Courage kiest het want: –
Hola, bootsman! alles ree?
Wij gaan mee naar de zee!

Duin
REMCO EKKERS

Ze zat heel lang te wachten
het kleine meisje bij de duinrand
tot het duin zou wandelen
zijn grote zanderige voeten

zou verzetten, omhoog, behoedzaam
traag en voor niemand zichtbaar
alleen voor haar, één centimeter
zou schuiven, langzaam, landinwaarts.

Klein-Japik
A.F. PIECK

Hel schittert het zonnetje op de zee,
De golfjes dansen en zingen.
Een scheepje voor anker danst vrolijk mee,
De zonneglimpjes verspringen.

Klein-Japik die plast door het zilte nat
En klautert vrolijk aan boord.
Een visserman heeft er de roerpen gevat,
Het scheepje glijdt zachtjes voort.

Klein-Japik wuift er zijn moeder nog toe,
Die achterbleef op het strand.
Zij staart en zij tuurt zich de ogen moe,
Voor 't zonlicht beschut door de hand.

Nog menige ochtend- en avondstond
Zag 't moedertje aan het strand,
Doch hoe zij er tuurde en wie zij er vond,
Klein-Japik kwam niet meer aan land.

Ik krijg een jas van groene zij
IENNE BIEMANS

Ik krijg een jas van groene zij.
De naaister vroeg: ben je niet blij?
Ik zei: jawel, maar ik wil hem open.
Ik wil wel de jas, maar niet de knopen.
De naaister zei: mijn lieve kind
luister eens wat je hiervan vindt.
Er was eens een arme vrouw
die niet wist wat ze hebben wou.
Een kindje wel – een wiegje niet.
Een hete traan – zonder verdriet.
Een mooie droom – maar nooit in bed.
Een echte zeeman – zonder pet.
Een warme plek – maar o, geen vuur.
Een huisje wel – maar zonder muur.
Toen had ze niks. Toen werd ze oud.
Toen heeft ze zelf een vlot gebouwd.
Nu dobbert ze al op de zee
en zingt: ho-la-di-jo-di-lee.

De invloed van matige wind op kleren
K. SCHIPPERS

Ga je naar het strand? Mag ik
als je terugkomt het zand
uit je schoenen voor de
bodem van mijn aquarium?

wat is dit een mooi land
ARJEN DUINKER

wat is dit een mooi land!
natuur! vertier!
water! bloemen en planten en dieren!
wat een mooi land! zee! bergen! heuvels!
marmotten! kleine hutten waar je kaas kan eten!
musea! kerken! klederdrachten! hotels! alles is er!
wat een land! casino's! straten! bramen! sinaasappels!
oooooh!

Hollands liedje
S. ABRAMSZ

Holland, ze zeggen: je grond is zo dras –
Maar mals zijn je weiden en puik is je gras
En vet zijn je glanzende koeien.
Fris waait de wind door je wuivende riet;
Groen zijn de dorpjes in 't neev'lig verschiet,
Rijk staan je gaarden te bloeien.
Blank is je water en geurig je hooi –
Holland, mijn Holland, ik vind je zo mooi!

Holland, ze zeggen: je bent maar zo klein –
Maar wijd is je zee en je lucht is zo rein
En breed zijn je krachtige stromen.
Goud is je graan op je zand en je klei,
Purper het kleed van je golvende hei,
Stoer zijn je ruisende bomen.
Holland, ik min je om je heerlijke tooi –
Holland, mijn Holland, ik vind je zo mooi!

De braam
GERRIT BAKKER

Mijn aandacht verdelend tussen de vrucht
die ik pluk
en de volgende vrucht
waarheen mijn hand zich zal bewegen,
bedenk ik,
dat al deze beweringen en schrammen,
hoewel zij weinig over de vruchten zelf vertellen,
toch onthullen dat het bramen zijn die ik pluk.

In een donker
IENNE BIEMANS

In een donker
groen oud woud,
aan de randen een randje goud,
loopt een weesje – pimpelmeesje –
een prinsesje – vossebesje –
een roodkapje – muizetrapje –
begeleid door een, twee herten
naar het lichtje in de verte,
blootsvoets
over het zachte mos
in het donkergroene bos.

De blauwe bussen
HANS ANDREUS

Er rijden blauwe bussen
door de wijnrode straten
er lopen paarse mensen
alle mensen zijn paars.

En er staan lila luchten
rondom de gele zon met
het meer oranje zonlicht
boven de schotse daken.

Maar alles is gelogen
want alles is hier grijs
alleen de bussen rijden
blauw maar eenzaam de straat uit.

De vakantiekat
LEA SMULDERS

Waar zullen we op vakantie gaan?
In Parijs of in Milaan?
Of een keer naar Kopenhagen?
Naar Mallorca, vijftien dagen,
Met het vliegtuig of de boot?
Mens, de wereld is zo groot!

Ome Chiel en tante Toos
Gingen naar alle reisbureaus,
Haalden foldertjes en prijzen
Van de mooiste sprookjesreizen.
Als je al die foto's zag
Dacht je: kom, we gaan op slag!

Luchten blauw en water groen,
Stranden geel als een citroen,
Alle mensen bruine snoeten
En niet eentje wit met sproeten!
Nimmer regen, altijd zon,
Alle kamers met balkon.

Oom wou dit en tante dat,
En toen kibbelden ze wat.
Phoe, zei tante bij haar eigen,
Ik zal tóch mijn zin wel krijgen.

Toen riep oom: nou geen gesmoes,
Ik ben de baas en daarmee sloes!

Maar de kater Frederik
Mauwde, nee baas, dat ben ik!
Laat je plannetjes maar rusten,
Gele stranden, blauwe kusten,
Tante Toos en ome Chiel,
Ik wil niet naar het asiel!

En wat is er toen gebeurd?
Alle foldertjes verscheurd,
Oom en tante thuisgebleven,
In de flat op nummer zeven.
En de kater at zich dik:
Alle dagen voer uit blik!

Drie meneren in het woud
ANNIE M.G. SCHMIDT

Er waren eens drie meneren
heel deftig en heel oud,
die wilden gaan kamperen,
kamperen in het woud.
Ze lazen om te beginnen
alvast het weerbericht.
Ze kochten een tent van linnen
en helemaal waterdicht.
Zij vonden een woud vol bomen,
het was er guur en koud,
de regen viel in stromen,
het was een heel woest woud.
Ze zaten te rillen daarbinnen,
daarbinnen in die tent.
Je moet zo iets nooit beginnen
als je oud en deftig bent.
De drie oude meneren
werden verkouden en hees.

Toen kwamen er drie beren,
die roken mensenvlees.
De beren waren schrander
en trokken meteen van leer.
Ze zeiden tegen elkander:
Zeg, lust jij oude-meneer?
Ze gooiden met boze snuiten
de hele tent opzij.
De meneren kropen naar buiten
en riepen: Heb medelij!
O, beren, hebt genade,
wij zijn zo deftig en oud!
Wij doen hier toch geen schade?
Wij zitten gewoon in het woud.
De beren zeiden: Ach, vrinden,
zo erg was het niet bedoeld!

Wij zullen u niet verslinden.
Wij zijn alweer bekoeld.
Toen zaten ze met z'n zessen
gezellig onder een boom
en dronken een glaasje bessen,
en noemde elkander: Oom.
De deftige, oude meneren
zijn weer terug, alle drie.
Zij denken nog vaak aan de beren,
met liefde en sympathie.

Op reis
WILLEM WILMINK

Zeg, zullen wij naar Engeland gaan,
waar hele leuke huizen staan
met een dak van riet?
Doe ik liever niet.

In Frankrijk heb je heel veel pret,
daar gaan de kinderen laat naar bed,
daar is het altijd feest.
Ben ik al geweest.

In Oostenrijk, dat weet je wel,
heeft elke koe een eigen bel
waar hij mee bellen kan.
Hou ik niet zo van.

In Spanje kun je heel misschien
Sinterklaas nog even zien,
Sinterklaas en Piet.
Wil ik liever niet.

Wat denk je dan van Nederland,
met bos en hei, met zee en strand,
met koe en schaap en geit?
Regent het altijd.

Landschap
H. MARSMAN

In de weiden grazen
de vreedzame dieren;
de reigers zeilen
over blinkende meren,
de roerdompen staan
bij een donkere plas;
en in de uiterwaarden
galopperen de paarden
met golvende staarten
over golvend gras.

Men wijst ons de weg
JAC. VAN HATTUM

Rechts-af krijgt u eerst 'Den Otter',
dan het huis 'De Stier van Potter'
en dan links, na zeven straten,
staat een bordje: 'Vier-Verlaten,
Nergenshuizen, Zuider-Eelde'
en zo nadert u dan Zeelde.
Dat zal zijn – nou, 'k weet niet beter
dan zo'n veertig kilometer.
Dan, bij 't Zeelder raadhuis slaat u
rechts – nee, 's kijke', beter gaat u

Onderweg II
J. GOUDSBLOM

Je zit in de trein en wat zie je zoal:
landschap, verbazend veel landschap
en verder af en toe wat stadsschoon of een tunnelwand.

Alleen de rails kun je niet zien
waar je op rijdt,
tenzij je ver naar buiten leunt.

Dat echter is drievoudig af te raden:
het mag niet, het is levensgevaarlijk,
en ook mis je dan veel van het landschap.

links, tot de Drie Koningseiken,
en dan langs de Hallerwijken
tot Het Zandt. Daar neemt u 't pontje
bij 't café 'Het laatste rondje';
slaat daar af naar Krabbedijke
tot het landgoed 'Trouw moet blijke'
en dan langs 'De Pint van Pater'
komt u aan 'Het Galgewater'.
Verder zou ik willen zeggen
– 't valt niet mee 't u uit te leggen –:
vraagt u dáár dan nog eens even.
Laat eens kijken, 'k was gebleven
meen ik aan het Galgewater,
dan – zo'n tien minuten later –
krijgt u... krijgt u... een momentje,
een smal wegje: ''s Heren Endje'
en dan, aan uw rechterhand,
komt u aan 'Het Hoge Land'.
Als u daar bent aangekomen,
ziet u zeven hoge bomen;
dat is 'Het Onzalig Houtje'.

't Restaurant ''t Vergulde Boutje'
ziet u daar in 't groen gelegen
aan de kruising van twee wegen.
En om geen tijd te verliezen
moet u wel de straatweg kiezen,
komt dan bij 't café 'De Noecke'
en laat 'De Drie Pannekoeke'
links dan liggen en u gaat
dan door het gehucht Ternaet.
Daarna ziet u dan algauw
'De Gekroonde Bietebauw'.
'k Zou dan daar maar weer eens vragen.
Eenmaal om de veertien dagen
pleeg ik zelf daarlangs te komen
en kan dus die weg wel dromen.
Meestal stuurt mijn zoon Paul-Peter
– 'n echte kilometervreter –
en we gieren langs de wegen,
want je komt geen kip er tegen.
*Nou, meneer, dat was het dan;
neem er goeie nota van.*

Wij en de zon
HAN G. HOEKSTRA

Ik ging een keer uit wandelen met Annebet en Joost.
Zo met z'n drietjes dus...? Wel nee!
Er liepen er nóg drie met ons mee,
die liepen net als wij,
te wandelen op een rij:
de schaduw van Annebet, de schaduw van Joost en de schaduw van mij.
Soms waren we lang en dan – o schrik –
en dan weer alle drie kort en dik,
en soms zei Joost: 'O nee maar, zeg,'
want dan waren we alle drie (ffft!) weg.
Maar Annebet, die 't weten kon,
zei: 'We lopen niet meer in de zon!'

Gang
PIERRE KEMP

Ik, de zon en de weg
en de zon, de weg en ik
in zonderlinge harmonie
op dit ogenblik.

Ik ruik geen bloemen, ik zie
geen bomen, geen vogels, geen heg.
Ik voel maar een gaande man in de zon
op een weg.

Alleen met de trein
TED VAN LIESHOUT

Als ik de trein niet haal
ontspoor ik in de tijd.
De rij voor het loket maakt
mijn handen klam en ik moet
nog zoeken welk perron.
Als ik hijgend in de trein zit
die gaat rijden raak ik kwijt.
Ik moet plassen en ik vraag:

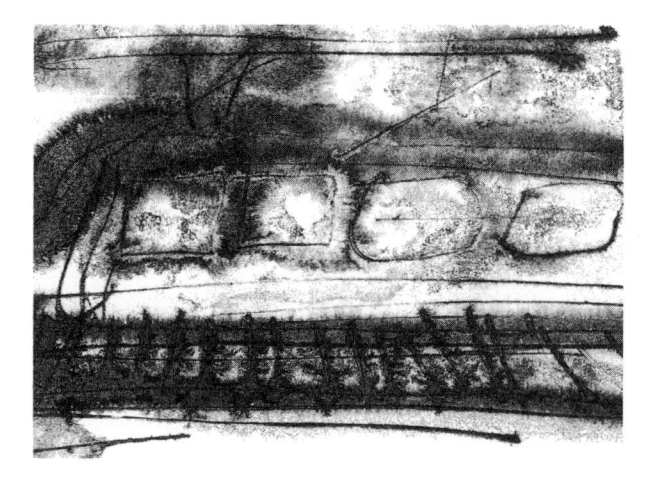

Deze gaat toch naar Den Haag?
Ze knikken en mijn kaartje
heb ik ook nog in mijn jas.
Ik zit goed, in tweede klas
en heb de trein gehaald,
ben op het nippertje gevonden
terug van hopeloos verdwaald.

Om te lachen
RUTGER KOPLAND

Er was daar een aapje
aan een boom

Het wenkte, rende rond
en wenkte

Om naar te kijken, om
te lachen

Want dat was grappig

De denneappel
GERRIT BAKKER

Van alle eigenschappen die de vruchten
tot vruchten maken,
heeft de denneappel er niet één.

Meer lijkt hij op een houten bloem
want wanneer je één voor één
hem van zijn schubben hebt ontdaan,
houd je bijna nog minder over dan niets.

Ook hoog in de boom, in zijn volle glorie
blijft hij een probleem;

pas na de allergrootste aandacht
tekent hij zich tegen zijn achtergronden af:

het suizen van de wind in de naalden
dat doet denken aan het ruisen van de zee.

Regen regen
JAN HANLO

Regen regen
Allerwegen
Rechte stralen
Water water
Langs de muren
Langs de palen
Vallen vallen
Langs de bomen
Natte auto's
Gaan en komen
Loodrecht op de
Druppelzegen
Overal is
Regen regen

Tante Trui en tante Toosje
ANNIE M.G. SCHMIDT

Tante Trui en tante Toosje
zaten op de kanapee
met beschuitjes in een doosje
samen bij een kopje thee.

Wat een weer, zei tante Toosje
Krimmeneel, zei tante Trui,
't regent nu alweer een poosje,
lieve hemel, wat een bui.

En zo zaten ze te praten
en de theepot was al leeg.
Geen van bei had in de gaten,
dat het water steeg en steeg.

't Regende nog steeds in stromen
en de straten stonden blank
en het water was gekomen
net tot aan de vensterbank.

't Water steeg en bleef maar stijgen
en de hele kanapee
ging toen langzaam aan het drijven
en de tantes dreven mee.

Heel lang dreven ze op 't water
met elkander, hand in hand,
en een maand of zeven later
landden zij in Ameland.

En nu zitten Toos en Truitje
nóg steeds op hun kanapee
met een Amelands beschuitje
bij hun Amelandse thee.

M'n vader
THEO OLTHUIS

M'n vader
is met vakantie,
dat duurt al een hele poos,
elke week
krijg ik een ansichtkaart
en die stop ik in een doos,
'k Heb er al een stuk of tien.
Als m'n vader terug is,
dan mag ie ze natuurlijk
allemaal
een keertje zien.

Géén versje over regen
HANS ANDREUS

Een versje over regen
kom je nogal dikwijls tegen.

Regen die spettert en regen die spat,
dat zegt zo gemakkelijk en dat

geeft ook al gauw die regensfeer
in 'n lief zacht regentje van woorden weer.

Maar we hebben nu al een week of wat
geen nattigheid gehad,

dus daarom maar eens gezwegen
over die regen.

Vakantieherinnering
FETZE PIJLMAN

We zijn naar een huisje in Friesland geweest,
aan een weiland, lekker buiten,
waar je vogels kan horen fluiten:
BLIE BLIE TUU TUU BLIE TI TOE.
De supermarkt waar ik boodschappen doe,
heeft nieuwe kassa's gekregen.
Laatst werkten ze alle negen:
BLIE BLIE TUU TUU BLIE TI TOE.

Reisverslag
ANTON KORTEWEG

We hebben ontzettend gelachen in de vakantie.

Als we niet moesten lachen in de vakantie
zeiden we: hallo hallo wie stinkt daar zo.

Daar moesten we dan weer om lachen in de vakantie,
samen met fiets en tent, trekkend door eigen land.

Zee en strand
MARK DIJKENAAR

Zee en strand
op die vergeelde foto
zijn onveranderd gebleven.
Maar om de afgebeelde mensen
moeten we nu een beetje lachen.

Bij grootmoeder
JO KALMIJN-SPIERENBURG

Bij grootmoeder weet ik een kastje te staan,
zo één met een heleboel laatjes.
Daar liggen de aardigste dingetjes in.
Een album met versjes en plaatjes...

Een schelpje, waarin je, heel dicht bij je oor,
het ruisen der zee nog kunt horen...
Een doosje, met grappige kiekjes, gemaakt,
toen ik nog niet eens was geboren...

Een stapeltje brieven, een lintje erom...
een boek met een geel verdroogd roosje...
En altijd weer, als ik bij grootmoeder ben,
bekijk ik dat alles een poosje.

Ik weet
JAN G. ELBURG

Ik weet
hoe
je heet
madou
ik las
het op je tas
dag meis-
je
goede reis.

Vakantiefilm
JOHANNA KRUIT

Soms gaan we weer met vakantie.
Het licht moet uit
en op het scherm komen we aan.

Dit is de camping
daar de kapotte stoel.
Moeder maakt soep
en ik een pijl en boog.

Bij het kanovaren
draait vader de film
altijd terug:

uit de boot gevallen
er weer in, en vlug tegen
de stroomversnelling op.

We lachen harder
dan toen het gebeurde.

Buiten
J.M.W. SCHELTEMA

Moeder, iets groens, waar geen hek omheen staat,
Is dat nu 'buiten'?
Of is alles zo recht, met een sloot en een doelpaal
en wachters, die 's avonds gaan sluiten?

Aan het eind van lijn negen, daar is ook zowat
het eind van de huizen,
maar waar ik verleden zomer nog zat
daar liggen nou buizen.
Het is net of de steen veel rooier wordt
aan het eind van de stad,
en of het weer veel mooier wordt
dan je 't binnen had.
Maar de bomen zijn kleiner
en toch is het fijner
dan 't kerkhof met die kruisen.
Ik ga samen met Piet
op het voorbalkon, tussen de mensen d'r benen.
De conducteur, die ziet ons niet
en aan 't eindpunt zijn we verdwenen,
Maar een keer heeft ie ons gezien;
dat kwam door Piet, dat loeder,
en die vent heeft niet eens naar ons kaartje gevraagd,
wat een stommerik, hè moeder?

Onder de bomen
HENDRIK DE VRIES

Onder de bomen
Moog je niet komen,
En ook niet over
Dat brugje daar.
Wie woont er achter?
Een mensenslachter,
Een reus, een rover,
Een moordenaar.

Zijn zeven zonen
Met ijzeren kronen
Moog je niets geven:
Geen stukje brood.
Aan 't hek gebonden
Staan stille honden.
Zouden die leven
Of zijn ze dood?

Fanfare-corps
M. VASALIS

De lucht scheen blinkend door de blaren,
bleek en volmaakt als glas geslepen.
Met vaste manlijke gebaren
werden de horens aangegrepen,
en luidkeels, zonder enig schromen
spoot de muziek tussen de bomen;
heldhaftig, trots. Een onverbloemde
voor elk verstaanbare muziek,
die aan het ademloos publiek
ieder gevoel met name noemde.

En even plots werd dit geklater
gedempt, twee koopren kelen weenden...
– over het donkergroene water
gleden twee smalle witte eenden
geluidloos als een droombeeld voort –
De horens, smekend en gesmoord
schenen hen dringend iets te vragen,
hen volgend met haast menslijk klagen.

Een warm en onverwacht verdriet,
eerbied voor de gewoonste dingen,
neiging om hardop mee te zingen,
en dan te huilen om dit lied,
ontstond in mijn verwend gemoed.
Ik voelde me bedroefd en goed.

Nooit meer stil
JAN HANLO

Men zal nog krijgen dat het nooit meer stil is
en dat voortdurend 's nachts en altijd de verdoemde rotmotoren
om je kop ronken
zodat het zoemen van machines voortaan altijd
door de lucht gaat
knalpottende raketten rondstotteren
en dat geen plekje hei of wei
geen kilometer aardig lenteland meer vrij is
van hun gezoem waarmee ze alles verpesten
Het vinden en verbeteren zélf is mooi
maar het gevolg is toch maar een
massa doelloos tuig
vlieg-tuig

Ssstt!! Ssstt!!
ANNIE M.G. SCHMIDT

De burgemeester van Bellemansluis
zat op een keer voor het raam van zijn huis
en ergerde zich, en maakte zich kwaad
en riep: Goeie help, wat een herrie op straat.
Getoeter, gerammel, gebrom en geronk,
geblaf en gezoem en geschreeuw en gebonk!
Maar nu is het uit! Het is helemaal uit!
En nu wens ik voortaan geen enkel geluid!
En wie nog het kleinste geluid durft te geven,
die gaat in 't gevang voor de rest van zijn leven.

Nu zijn dus de auto's en fietsen verboden,
de paarden zijn daar nu dus weer in de mode,
maar aan ieder paard wordt ten strengste bevolen
om zich voort te bewegen op rubber zolen.
De mensen die sluipen daar zacht op hun tenen,
op straat liggen dekentjes over de stenen,
de radio's zijn in het water geworpen
en niemand mag daar met z'n soep zitten slorpen
en van alle katten en van alle honden
zijn de bekken met lapjes en doeken omwonden.

De torenklok is er omwoeld met katoen
en niezen dat mag je volstrekt niet meer doen.
Wie hoesten wil daar, moet dat zeventien dagen
tevoren schriftelijk aan gaan vragen.
De snavels van vogels, ook dat is verplicht,
die zitten afdoende met leukoplast dicht.

Dus als je nu voortaan heel rustig wilt leven,
dan moet je je daar, naar dat stadje begeven,
maar als je er komt, daar in Bellemansluis,
doe alles heel zachtjes! Zo zacht als een muis!
Want als je daar hardop de weg durft te vragen,
dan word je direct in de boeien geslagen.

Strandwandeling met mijn dochter
HAN G. HOEKSTRA

We liepen op een middag langs het strand.
September. Herfstig weer. De kust verlaten.
Drijfhout. Een bal die badgasten vergaten.
De wind blies brede ribbels over 't strand.

Heel in de verte ging een schip voorbij,
ergens ter hoogte van de horizon.
Ze vroeg – het nakijkend zolang ze kon –
Waar zou het heengaan? En ze keek naar mij.

Zeewier, groenzwart, een zwaar verroest stuk ijzer.
Een plank waarop, half leesbaar, SUNKIST stond.
En verder stilte, overal in 't rond.
De zee werd wilder en de lucht werd grijzer
Een meeuw vloog langs, krijste, en werd heel klein.

En toen zij weer: *hoe* stil kan het wel zijn?

het licht is heel stil
J.C. VAN SCHAGEN

het licht is heel stil
alle dingen zijn heel stil
ik schrijf dit heel stil

Keesie is m'n vrindje

Hij heeft wel een step en een vlieger gehad,
Maar die step is kapot,
Die reed tóch al rot,
En de vlieger heb ik,
Die heb ik geruild
Voor niets, en Keesie heeft eerst wel gehuild,
Maar ik heb 'm paar stompen gegeven
En toen is tie verder wel koest gebleven.
Ik mag zondag naar de bioscoop
Of met vader naar boksen, als ik kranten verkoop.
Nou, hier woon ik, blijf nog even staan,
Dan zal ik vast de trap opgaan:
Da's één, da's twee, da's drie, da's vier,
Da's vijf, zie je wel, da's de tree die kraakt;
Ik moet ete, m'n moeder heeft hutspot gemaakt.

Ontmoeting
J.M.W. SCHELTEMA

'k Ben een jongetje uit een heel arme straat,
En als je bij ons de trap opgaat,
Dan weet ik heel goed, dat de één-twee-drie-vier,
Dat de vijfde tree een beetje kraakt.
En als je bij ons naar beneden toe gaat,
Dan is het de één-twee-drie-vierde, die kraakt:
Da's dezélfde tree, maar dan net andersom;
Verder heb ik een zus, maar daar gééf ik niet om.
M'n vader is bakker, heeft moeder verteld,
Maar Keesie zegt, dat ic gewoon maar bestelt,
Maar Keesie is gek,
Keesie is m'n vrindje,
Z'n moeder heeft net weer een kindje,
Maar ónze kat heeft jongen,
En mijn moeder heeft 't aan d'r longen
En Keesie niet,
Keesie heeft geen kat;

De film
PETER

Ga je mee, zei Rinus Reiger,
gaan we naar de bioscoop.
't Zal niet gaan, zei Theo Tijger,
want mijn staart zit in de knoop.

Een, twee, drie, zei Rinus Reiger,
kijk, nu is de knoop er uit.
Ga je mee? Maar Theo Tijger
zei: Ik heb geen rooie duit.

Dat's niet erg, zei Rinus Reiger.
Ik heb geld genoeg voor tien.
'k Heb geen bril, zei Theo Tijger,
zonder bril kan ik niets zien.

Weet je wat, zei Rinus Reiger.
Neem mijn bril, als je die staat.
Zeer bedankt, zei Theo Tijger,
maar we zijn al veel te laat.

't Kan nog net, zei Rinus Reiger.
Met de tram, dat gaat heel snel.
Niets daarvan, zei Theo Tijger.
In de tram word ik onwel.

Luister goed, zei Rinus Reiger.
Ga je mee dan op de fiets?
En vertel eens, Theo Tijger,
voel je 'r wel wat voor of niets?

'k Heb de film, zei Theo Tijger,
al gezien en 'k vond hem slecht.
Dat 's wat moois, zei Rinus Reiger,
had dat dadelijk gezegd!

Frekie
WILLEM WILMINK

Wanneer 's middags om vier uur
onze schoolbel was gegaan,
en we gingen voetbal spelen,
dan kwam Freek er altijd aan.

Frekie woonde in de buurt,
maar zat niet op onze school.
Hij was een imbeciele jongen,
een mongool.

Meestal riep er iemand wel:
'Kom maar, Frekie, doe maar mee.'
Welke kant hij uit moest schoppen,
daarvan had-ie geen idee.

Maar we legden soms de bal
op twee meter van het doel,
en we riepen: 'Schieten, Frekie!'
En hij trok een ernstig smoel.

Als het raak was, dook de keeper
mooi naar de verkeerde kant,
en 't was góal, en dan was Frekie
kampioen van Nederland.

Misschien vind je Frekie zielig,
maar dat was-ie niet voor mij,
want ik zag nog nooit een jongen
die zo blij kon zijn als hij.

Het pakhuis
MIES BOUHUYS

Moet je nou eens kijken,
Pim zit heel alleen
op het keukenmatje.
Waar is Pom toch heen?
Pom is weggelopen
met een hoge rug.
Pom heeft er genoeg van.
Pom komt nooit meer terug.

Pom wil eens wat anders,
nu eens niet met Pim,
Pim maakt te veel drukte
en is Pom te slim.

Ook dat samen eten
van hetzelfde bord.
Noem mij eens een poesje
die dat níet beu wordt.

Pom zit in een pakhuis
dat hij heeft ontdekt,
met kapotte ruiten
en een dak dat lekt.
Maar hij is er koning,
wat hij wil gebeurt:
gek doen, praten, stil zijn
en geen Pim, die zeurt.

Zo, nu ga ik slapen,
snorkelt koning Pom
en hij kijkt eens rustig
naar een plekje om.
Welterusten, zegt ie.
Niemand zegt iets terug.
Niemand... O, wat mist ie
Pim z'n warme rug.
Vlug
    vlug
        vlug...
            daar
                rent
                    hij
                        als een haas zo vlug,
                        door wel zeven tuinen
                        naar zijn vriendje terug.

Het verloren schaap
HAN G. HOEKSTRA

Kwam u bijgeval
Wollewitje tegen?
Liep ze soms te wandelen
in de Kalverstraat?
In het Vondelpark?
Of soms in lijn negen?

Ik begrijp het niet.
Ze is bang voor regen
en het regent
dat het giet.

Ze heeft maar één oor,
en ze hinkt een beetje
    (huup
        tjuup,
      huup
        tjuup)
da's niet prettig, weet je.
En voor mij is ze niet bang,
wél voor grote kinderen,
zou dat heus niet hinderen?

Als u haar soms ziet
wilt u haar dan zeggen,
dat ik ongerust ben,
vreselijk ongerust.
Ik mag buiten spelen,
maar ik heb geen lust.

Mijn naam is Joost.
Joost Alexander.
Stuurt u haar toch gauw naar huis,
want ik hou zo van d'r.

(Wollewitje is terecht,
ze was onder de linnenkast in slaap gevallen.)

Buurmeisje heeft visite
WILLEM WILMINK

Mijn buurmeisje is mijn grote vriendin
en ze heeft een tuin en daar spelen we in:
dat ik vadertje was en zij moedertje was,
of ik lag zogenaamd ziek in het gras
en zij was de dokter die mij onderzocht.
Of wij hadden samen een zeilboot gekocht.

Nu is er een meisje bij haar op bezoek,
ja, die ken ik ook wel, die woont om de hoek,
nu spelen die twee, en ik mag er niet bij:
die trutten die hebben geheimen voor mij.
En ik ben alleen en ik sta bij de heg,
en ik hoop dat mijn buurmeisje hoort wat ik zeg:

(Zeer luid:)

    Rotmeid! Rotmeid!
    Heb je bezoek?
    Rotmeid! Rotmeid!
    Pis in je broek.
    Rotmeid! Rotmeid!
    Krijg pijn in je kies,
    'k zal je poppen met hun stomme koppen
    op zolder verstoppen,
    ik poep een drol in je speelgoedservies.

Die twee die doen nét alsof ik ze niet roep,
die kletsen maar door en ze vreten maar snoep.
Mijn buurmeisje heeft het nu vást over mij –
en daar komt verdorie haar moeder erbij,
dus nu moet ik maken dat ik hem smeer,
maar op veilige afstand roep ik nog een keer:

(Zachtjes:)

    Rotmeid... rotmeid...
    heb je bezoek?
    Rotmeid...
    pis in je broek.
    Rotmeid...
    krijg pijn in je kies,
    'k zal je poppen met hun domme koppen
    op zolder verstoppen,
    ik poep een drol in je speelgoedservies.

We spelen bij ons thuis
NANNIE KUIPER

We spelen bij ons thuis
met alle oude kleren
we hebben al twee dozen vol
voor dames en voor heren.

Marijke heeft een sleepjurk aan
van moeders bruidstoilet
ze draagt een broekje op haar hoofd
met kantjes afgezet
en Henk loopt in een streepjesvest
dat vader niet meer past
hij is Marijkes bruidegom
en houdt haar stevig vast.

Mariska maakt een maxi-jurk
van oma's nachtjapon
ze is een deftige mevrouw
en zegt maar steeds pardon!
Ze knipt er nog wat gaten in
van voren en op zij
een stukje bloot is heel modern
dat hoort er zeker bij.

En Klaas die heeft een hoed gepakt
met roosjes op de rand
hij wil een hippe vogel zijn
en reizen door het land
de paraplu van ome Piet
gebruikt hij als gitaar
en stiekem pakt hij uit de kast
zijn moeders lange haar.

Mijn vriendje David
WILLEM WILMINK

'k Heb in de vakantie een vriend gehad,
daar ging ik haast elke dag mee op pad,
en we leenden elkaar onze boeken.
En 's morgensvroeg werd ik wakker van
steeds datzelfde heerlijke plan
om die vriend weer op te gaan zoeken.

Zo zijn al die dagen voorbijgegaan,
en toen brak de laatste ochtend aan
dat wij elkaar nog zagen.
Nou ja. Gewoon. De vakantie was om.
En wij vergaten, zo stom, zo stom,
elkaars adres te vragen.

Soms, in mijn bed, met mijn ogen dicht,
lig ik te proberen of ik zijn gezicht
kan vinden in mijn gedachten.
Het lukt me nooit. Maar vandaag in de klas
wist ik plotseling weer precies hoe hij was,
precies hoe hij praatte en lachte.

Dat zal ik onthouden, nog heel erg lang.
Hoop ik tenminste. Want soms ben ik bang
dat ik na een heleboel jaren
hem tegen zal komen, en híj stelt zich voor,
en ík stel me voor.
En we hebben niet door
dat wíj die twee vrienden waren.

Weerzien op zolder
IDA GERHARDT

Welterusten, Vader Beer!
Het kind is hier vandaan.
Van al zijn spelen
en al zijn strelen
is haast je haar vergaan,
je lijf kaal tot de naden.
Het gaat op donkere paden
die jij en ik niet weten
– om wat er met zijn liefde is gedaan.
Met ogen die niet meer bestaan,
Beer, zie mij niet zo aan.

De geheime club
KAREL EYKMAN

Ik zou eerst nog de voorzitter zijn,
want ik had het verzonnen,
dat Dick, Maarten, Mick (dat ben ik)
de club 'Dimami' zijn begonnen.
Maar omdat Dick de baas wou spelen
of anders niet meer wou
(en dan is zo'n club toch ook vervelend),
is Dick het verder nou;
en we zwoeren elkaar trouw:

Ssssssst. Niemand mag het weten.
Ssssssst. Niemand gaat het aan.
Leer het uit je hoofd, en niet vergeten:
Bij volle maan en met een streng gezicht
hebben wij de club 'Dimami' opgericht.

Ik heb toen nog een schatkist verstopt
en dat op een kaart getekend.
En Dick, Maarten, Mick (dat ben ik)
die vonden dat van mij uitstekend.

Omdat niemand mocht vermoeden
waar of die schat wel zat,
moest je ons wachtwoord kunnen noemen;
en 'Dimami' was wat
je dan te zeggen had.

Sssssst. Niemand mag het weten.
Sssssst. Niemand gaat het aan.
Leer het uit je hoofd en niet vergeten:
Bij volle maan en met een streng gezicht
hebben wij de club 'Dimami' opgericht.

Toch is er een verrader geweest.
Want laatst riep nog een jongen
dat Dick, Maarten, Mick (dat ben ik)
de club 'Dimami' zijn begonnen.
En omdat ik maar niet kan raden
(ik ben het zelf zeker niet),
wie van ons het heeft verraden,
heb ik nogal verdriet.
Vertrouwen bestaat niet.

Drie ouwe ottertjes
ANNIE M.G. SCHMIDT

Drie ouwe ottertjes wilden gaan varen
over de zim zom
over de Zaan.
Eigenlijk wilden ze dat al sinds jaren,
maar om het feit dat ze ottertjes waren
hadden ze 't nooit gedaan,
want...
daar hing een bordje op alle bottertjes:
VERBODEN VOOR OTTERTJES

Drie ouwe ottertjes stonden te schreien
daar bij de zim zom
daar bij de Zaan.
Stonden te schreien op 't land, en ze zeien:
Dan gaan we maar met het spoortreintje rijen,
dat zal wel beter gaan,
maar...
daar hing een bordje op elke coupee:
OTTERTJES MOGEN NIET MEE

Drie ouwe ottertjes stonden te turen
over de zim zom
over de Zaan.
Daar op een weilandje, tussen twee schuren,
daar was een vent, waar je fietsen kon huren,
fietsen, met vaantjes eraan.
En...
daar hing een bordje op iedere fiets:
OTTERTJES MOGEN VOOR NIETS

Nu rijden die ottertjes over de brug,
over de brug en weer terug.

De domme hond
PETER

Daar woonde op een boerderij
een grote domme hond.
Een meisje liep er langs en zei
dat ze hem aardig vond.
Ze ging voorbij en keek eens om
en riep nog, bij de hoek:
Tot ziens, en als je tijd hebt kom
eens bij mij op bezoek.

Dat doe ik, dacht de domme hond
en wachtte eerst een week.
Hij liep onrustig in het rond
en was totaal van streek.
Maar ja, nu moet ik toch eens gaan,
zo zei hij toen, en trok
zijn allermooiste halsband aan
en rende uit zijn hok.

Het meisje had de thee klaarstaan
en kleine stukjes koek.
Daar kwam de domme hond al aan
hard hollend om de hoek.
Hij sprong door 't raam in volle vaart
en danste door het huis.
Daar sloeg hij met zijn kwispelstaart
het theeservies aan gruis.

En ook de mooie bloemenkom
en ook de glazen schaal,
die vielen op de tafel om
en braken allemaal.
En ook de klok viel op de grond
en nog wel meer misschien.
Het meisje huilde: nare hond,
ik wil je niet meer zien!

De hond sloeg droef zijn ogen neer
en wist zich haast geen raad.
Hij zei: Juffrouw, het spijt me zeer,
maar 'k meende het niet kwaad.
Het meisje zei: Ik schrok me dood,
zorg dat je 't nooit meer doet.
Toen gaven ze elkaar een poot
en zeiden: Zo is 't goed.

Grietje en Pietje
DIET HUBER

'Zeg Grietje!' zei Pietje
'ik zag laatst een beer!
Maar ik had een geweer
en ik pafte hem neer,
filipeer.'

'Geweldig,' zei Grietje.
'Vertel nog eens meer?'

'Nou Grietje,' zei Pietje
'ik ving ook een slang
van mijn moeders behang
met een ijzeren tang,
filipang.'

'Reusachtig,' zei Grietje
'en was je niet bang?'

'Nee Grietje,' zei Pietje.
'En tijgers, zo groot
als de Hollandse vloot
sloeg ik hardstikke dood,
filipoot.'

'Wat dapper,' zei Grietje,
van opwindig rood.

'Ja Grietje,' zei Pietje.
'En laatst ...HELP!!!! een MUIS!!!!'
(en daar rént Pietje weg.)
En Grietje gaat woedend en scheldend naar huis:
'Wat een opschepper, zeg!'
Filipech.

Huilliedjes
ALFRED KOSSMANN

1

Kind ben ik van God
en ik heet Catootje,
vecht ik met Jootje,
denk ik aan Zijn lot,
plaagt mij Margootje,
denk ik: Hij was flinker,
slaat ze op mijn rechterwang,
sla ik zelf op me linker.

3

Heus niet,
ik heb het niet gedaan,
ik heb niet met het brood lopen ballen,
ik heb Buurvrouw niet na lopen lallen,
ik mag Haas heten, ik mag doodvallen.

Hendrik Haan
ANNIE M.G. SCHMIDT

Dag, mevrouw Van Voort,
hebt u 't al gehoord?
Hendrik Haan
uit Koog aan de Zaan
heeft de kraan open laten staan.
Uren, uren stond ie open.
Heel de keuken ondergelopen.
Denkt u toch es even!
En 't zeil was net gewreven.
Tss, tss, tss.

Dag, mevrouw Van Doren,
moet u toch eens horen.
Hendrik Haan
uit Koog aan de Zaan
heeft de kraan open laten staan.
Zeven dagen stond ie open.
Heel het huis is ondergelopen.
Denkt u toch es even!
Alle meubels dreven.

Dag, mevrouw Van Wal,
weet u 't nieuwtje al?
Hendrik Haan
uit Koog aan de Zaan
heeft de kraan open laten staan.
Zeven weken stond ie open.
Heel de straat is ondergelopen.
Denkt u toch es even!
Alle auto's dreven.
Dag, mevrouw Verkamp,
weet u 't van de ramp?
Hendrik Haan
uit Koog aan de Zaan
heeft de kraan open laten staan.
Zeven maanden stond ie open.
Heel de stad is ondergelopen.
Denkt u toch es even!
Niemand meer in leven!

Kijk, wie komt daar aan?
Hendrik Haan, uit Koog aan de Zaan.
Hendrik, hoe is het gegaan?
Had je de kraan
open laten staan?
O, zei Hendrik, 't was maar even
en 't verhaal is overdreven.
De keukenmat
een tikkie nat,
onverwijld
opgedweild,
zó gebeurd, zó gedaan,
zei Hendrik Haan.

Alle dames gingen vlug
teleurgesteld naar huis terug.

Ik
BAS ROMPA

Ik ben verliefd op... Marian
En snap maar niet hoe dat nu kan
Zij heeft rood haar, ik val op blond
Ik hou van slank en zij is rond

Het is haar stem, het is haar geur
Het is haar blik, waar ik van kleur

Liefdesgedicht
K. SCHIPPERS

Jij hebt de dingen niet nodig
om te kunnen zien

De dingen hebben jou nodig
om gezien te kunnen worden

Zie je ik hou van je
HERMAN GORTER

Zie je ik hou van je,
ik vin je zo lief en zo licht —
je ogen zijn zo vol licht,
ik hou van je, ik hou van je.

En je neus en je mond en je haar
en je ogen en je hals waar
je kraagje zit en je oor
met je haar er voor.

Zie je ik wou graag zijn
jou, maar het kan niet zijn,
het licht is om je, je bent
nu toch wat je eenmaal bent.

O ja, ik hou van je,
ik hou zo vrees'lijk van je,
ik wou het helemaal zeggen —
Maar ik kan het toch niet zeggen.

Maart
MIES BOUHUYS

Heb jij dat nou ook, Pom
of ligt het aan mij:
kriebels in je poten,
kietels in je zij,
knippers op je ogen,
prikkers in je borst,
zoemers in je oren
en een buik vol dorst?

Ik wil gekke dingen:
draven als een paard,
kwastjes aan mijn oren,
knoopjes in m'n staart.
Ik wil heel hard zingen,
midden in de nacht,
ik wil groene sokjes
en een gouden vacht.

Ik wil in m'n eentje
op de toren staan:
kukeleku, hier sta ik,
ik ben Pim, de haan.
Ik wil alles wezen
en mezelf erbij.
Heb jij dat nou ook, Pom
of ligt het aan mij?

't Is of ik mezelf hoor,
roept de zwarte terug:
kriebels in m'n poten,
rillers langs m'n rug,
lachers door m'n staart heen
en een kop vol gons.
Eén ding is wel zeker:
het ligt niet aan ons!

En opeens... dan wéét hij 't.
Kijk eens, hoe hij lacht:
Pim, 't is heel gewoon, hoor
van die gouden vacht,
droom maar van je kwastjes
en je knoopjesstaart.
't Is toch zeker voorjaar!
't Is toch zeker maart!

Ze wisten het wel
G.W. LOVENDAAL

Ik had er mijn liefje naar huis gebracht
En kuste voor 't eerst haar een goeden nacht.
De sterrekens schenen zo wonder, zo hel:
Ze zagen het, ja, en ze wisten het wel,
Hoe blij met elkaren wij waren.

Het windje, dat hield er zijn adem in
En luisterde blijde naar onze min;
De kwarteltjes sloegen zo wonder, zo hel:
Ze hoorden het, ja, en ze wisten het wel,
Hoe blij met elkaren wij waren.

De haagbloesem geurde zo hemelzoet,
De rozelaars spilden hun overvloed;
De krekeltjes kriekten zo wonder, zo hel:
Ja hemel en aarde die wisten het wel,
Hoe blij met elkaren wij waren.

Mickie
THEO OLTHUIS

Ik heb een pop
en die heet Mickie.
Kijk, daar zit ze voor het raam
met die grote bolle wangen
en die rare armen aan.
Altijd is er wel wat met 'r
heeft ze weer kapotte oren,
zit 'r hoofd achterstevoren,
valt ze weer eens van de trap,
maar dát kan ze echt niet helpen
want 'r benen zijn zó slap...
Mickie, malle Mickie,
die is wel een beetje dom.
Ze kan niet praten,
niet eens echt plassen,
maar... ik hou het *meest* van Mickie...
en ik weet niet eens
waarom!

Een nieuw woord
ARMAND VAN ASSCHE

Ik heb een nieuw woord geleerd:
verliefd. Mijn zus is verliefd
op haar krullen en de mus
op de broodkruimels en is de stoel
niet verliefd op de tafel?
Verliefd is een woord
waarmee ik toveren kan.

Als pappa het niet ziet, dan
tik ik het op zijn schrijfmachine
in het rood
en ik zie aan zijn gezicht
dat het werkt: het woord
brandt als een lichtje
en ik zeg het dan ook elke dag:
ik ben verliefd op de bloem
en ik ben verliefd op de kat.
Ik voel dat alles mooier wordt
als ik dat zeg; de bloem
een beetje roder en de kat
een beetje poezeliger en ook de straat
wat zonniger. Alles ziet er beter uit.
Ja, een woord als verliefd,
werkt als een toverstokje.

Dag mevrouw
IENNE BIEMANS

Dag mevrouw
waar is uw dochter.
Dag meneer
waar is mijn kind.
Ik geef u honderdduizend eerlijk
als u haar vannacht nog vindt.
Ze is gekomen, ze is gegaan,
ze heeft haar wijde dansrok aan.
Ze heeft een circushondje mee
en twee visjes uit de zee.
Die zijn verliefd,
die zijn verloofd,
die hebben water in hun hoofd.
Die zijn geschubd,
die zijn gestaart,
die hebben bloemen in hun baard.
De baard hangt achter op de rug,
de muts staat boven in het water.
Breng nu gauw mijn kind terug
want de rest vertel ik later.

De zeerover en zijn buit
K. SCHIPPERS

Oortjes van marsepein
Neusje van porselein
Oogjes van Delfts blauw
Ik geef je niet voor een klein kaperschip
Ik geef je niet voor een groot kaperschip
Niet voor een van zilver
Niet voor een van goud
Ik geef je niet voor een kaperschip
Met tweehonderd witte zeilen

De ongewone rat
PETER JASPERS

Een ongewone, grote rat
die altijd iets bijzonders had,
was dol op een angora-kat.
Hij droomde van haar dikke vacht
en van haar hoofd, zo zijig zacht.
Hij wou haar trouwen, liefst heel gauw,
maar och, de kat zei: 'Nee. Miauw.'

De kat zei in haar poezetaal:
'We lopen samen voor schandaal;
je bent wel lief, maar ook zo káál.
Ik weet het wel: je brengt me spek,
maar jij en ik, dat staat zo gek.
Hoeveel ik dus ook van je hou,
het gaat niet door. Miauw, miauw.'

Maar deze ongewone rat
zei: 'Wacht maar, ik bedenk wel wat.
Ik zál je trouwen. Dat is dat.'
Toen heeft hij in z'n vrije tijd
een jumper voor zichzelf gebreid,
een jumper van angora-wol,
met twee paar mouwen... en een col.

De kat, geweldig in haar schik,
zei: 'O, wat ben je lekker dik,
je bent zowát zo mooi als ik.
Nu nog een hulsje voor je staart,
dan ben je echt de moeite waard.'
Ze zijn al jarenlang getrouwd.
Ik sprak de rat laatst. Hij miauwt.

Wie verliefd is gaat voor
KAREL EYKMAN

M'n vriendje wil het aan gaan maken
maar of ik het wil, dat weet ik niet.
Wat aan is loopt de kans uit te raken
dat geeft maar ellende en verdriet.
Maar staat het stoplicht op groen
en blijft het groen staan
dan zal ik het doen
dan maak ik het aan.
Tja, oranje mag wel?
dat kan er mee door
maar dan moet 't ook snel
wie verliefd is gaat voor.

Wat moet ik doen wat moet ik laten?
Ik pieker me suf en kom tot niets.
Ik weet geen raad, rijd door de straten
op weg naar hem toe op m'n oude fiets.
En staat het stoplicht op groen
en blijft het groen staan

dan zal ik het doen
dan maak ik het aan.
Staat het stoplicht op rood?
Is 't rood wat ik zie
dan doe ik, geen nood
gewoon twee op de drie.

Dat ik nu zo hard ga racen
zodat ik het groen precies nog haal
wat zou daar de reden voor wezen?
Dat ik al smoor ben, helemaal?
Want staat het stoplicht op groen
en blijft het groen staan
dan zal ik het doen
dan maak ik het aan.
Staat het stoplicht op rood
nou ja, ik zal wel zien
dan geldt het in 't groot:
zes groen van de tien.

Ja, ik ga me daar nog uit staan sloven
dat stoplicht daar kan het me doen.
Mijn jongen moet eraan geloven
als ik iets rood zie, noem ik het groen
en blijft het groen staan
dan zal ik het doen
dan maak ik het aan.
Staat het stoplicht op rood
interesseert me geen biet.
Nou ja zeg, val dood
dat stoplicht deugt niet.

Petrólia
THEO OLTHUIS

Ken je het verhaal
van Petrólia?
Die hele mooie Petrólia,
die altijd zong van
lalala, in de gloria,
's morgens en 's middags
en 's avonds vooral,
want elke avond
was het wel bal,
dan hingen in de tuinen
de lingo's te glanzen
en op de muziek
van rekels en tigaren
kon je de ozo's, de haha's
en de nounous zien dansen,
tot op een avond, onverwachts
Pikobello verscheen...
alles werd helemaal stil,
hij liep naar Petrólia,
knielde voor haar neer...
en gaf haar een schitterende koekepeer
en toen Petrólia die áánnam
was het hek helemaal van de damdam!
iedereen en alles flapte en gripte,
snakkels gingen in de lucht,
men babberde en flipte!
Drie weken later
gingen ze bong...
en je snapt dat op het feest
Petrólia zong!

De raadselridder
HELLA S. HAASSE

Er draaft een ridder door het bos:
Het is een ridder op zijn ros.

Hij is verdwaald – weet heg noch steg...
Hij ziet een huisje langs de weg.

Daar wonen der schoonste jonkvrouwen drie:
Jennifer, Gentle en Rosemarie.

De oudste zuster liet hem in
en sloot de deur met een zilveren pin.

De tweede zuster had een bed
met zachte kussens klaargezet.

Het derde zustertje besloot:
'Die ridder wordt mijn echtgenoot.'

'Ik ken drie raadsels; denk die uit
Wie 't antwoord weet, die wordt mijn bruid.

Zeg: wat is luider dan een hoorn
en wat steekt scherper dan een doorn?

Zeg: wat weegt zwaarder dan het lood
en wat smaakt beter dan het brood?

Zeg: wat gaat sneller dan een ree
en wat is dieper dan de zee?'

'O, schande is luider dan een hoorn
en honger steekt scherper dan een doorn.

De zonde weegt zwaarder dan het lood
Gods woord smaakt beter dan het brood.

De wind gaat sneller dan een ree,
en liefde is dieper dan de zee.'

Het meisje wacht, de ridder lacht:
'Jij wordt mijn bruid, nog deze nacht.

Nu zingt! der schoonste jonkvrouwen drie
Jennifer, Gentle en Rosemarie.'

Kort verdriet
J.M.W. SCHELTEMA

Een traan loopt langs mijn linker wang
En huppelt naar mijn rechter,
Glijdt nog een eind zijn traanpad langs,
Valt in mijn mond als in een trechter.

Nu ligt hij ziltig op mijn tong,
Ik ga hem eten,
Het leed waardoor de traan ontstond
Dat is vergeten.

Pieleman
HANS DORRESTIJN

Een elastiekje leg ik rond,
dat ik op de tafel vond.
Daar midden in een lucifer:
in seks ben ik een grote ster.
Ik schrijf op een blaadje: 'kauw uw thee',
seks daar doe je zoveel mee.

    Pieleman, pieleman,
    trek er maar eens lekker an.

Ik steek een sleutel in het slot,
het oude slot dat is kapot.
Ik schrijf: 'K + L = N',
omdat ik een kleine viespeuk ben.
Ik ken een jongen die 't al dee:
seks daar doe je zoveel mee.

    Pieleman, pieleman,
    trek er maar eens lekker an.

Mijn pink steek ik in de hals van een fles.
Dat doe ik wel een keer of zes.

Ik trek hem eruit, dan zegt het flop.
Nog zestien keertjes voor ik stop.
Ik zing: 'Dorus Dee
heeft een dikke snee,
hiervandaan tot Enschede',
want seks daar doe je zoveel mee.

    Pieleman, pieleman,
    trek er maar eens lekker an.

Mocht ik een keer met Tini Fonteyn,
met Tini Fonteyn op zolder zijn.
Vertelde ze mij die gekke grap
van Dieper waar ik niks van snap,
met vriend Paul ging ik erheen,
want seks dat doe ik nooit alleen.

    Pieleman, pieleman,
    trek er nog maar lekker an.

Jok speelt op straat
ROBERT ANKER

Hij loopt tegen de tien, zo oud als jij misschien.
Hij leunt tegen de muur en rookt een sigaret,
als je 's avonds uit de film komt met je vader.

In de tram heeft hij een mes, er gaat een vuilnisbak in brand,
een ouwe dame krijgt een doodsschrik door een rotje.
Hij heeft een vieze trui en altijd pleisters of verband.

Je ziet hem vaak met grote kinderen lopen over straat.
Als je zit te eten belt hij aan: of je komt spelen.
Hij heeft heus wel een moeder, maar die werkt, of nee, die slaapt.

Hij zit achter in de klas en grijpt Mariek onder d'r rok.
Ineens heeft hij een tientje. 'Van een oom.' Zijn naam is Jok.
Je vader zegt: geef Jok dat tientje morgen maar terug.

Moet je hém dan vragen: kom je spelen, eet je mee?
Of moet hij om je vriend te zijn eerst bij je komen wonen?
Was hij anders, denk je, als hij maar een meisje was geweest?

Twee paarden
REMCO EKKERS

Twee paarden stonden tegenover elkaar.
Het was lente en zomer tegelijk.

Tegenover en naast elkaar
lente en zomer tegelijk.
Twee paarden met het hoofd
tegen de hals van de ander.

Verloren in de warmte
van het andere lijf
kijkend naar de horizon.

Zo staan en het gras vergeten.

De lijster is te vlug

Het lied van de zwarte kater
HANS ANDREUS

Ik ben de kat Hieronymus
of eigenlijk de kater.
Ik ben geen zachte lieve poes,
geen dot, geen schat, geen lieve snoes,
ik ben een mensenhater.

Mauw, maaauw, máááuw!

Wanneer je me soms aaien wil,
bedenk je dan maar tijdig.
Mijn snorren staan steeds recht omhoog
en toegeknepen is mijn oog,
want ik ben altijd nijdig.

Mauw, maaauw, máááuw!

Helaas, de tijd waarin ik leef,
dat is voor mij een slechte.
Wanneer ik vroeger had bestaan,
was ik in dienst bij 'n heks gegaan,
een onvervalste echte!

Mauw, maaauw, máááuw!

De Mus
JAN HANLO

Tjielp tjielp – tjielp tjielp tjielp
tjielp tjielp tjielp – tjielp tjielp
tjielp tjielp tjielp tjielp tjielp tjielp
tjielp tjielp tjielp

Tjielp
    etc.

De kat
J.B. CHARLES

Kende God mijn poes uit het hoofd
voordat hij besloot haar te scheppen?
Indien ja, hoe dan wel, als de kleine
zo kwetsbare anderhalf ons
warm elektrisch met spier gevuld bont,
als de speelse kwaje meid
met de poot om de stoelpoot
de kattekop scheef daarachter,
als de kleine hete heks,
het sluipjagend monster,
de slapende of zich uitrekkende kat
die ontwaakt en mij ziet en gaat spinnen?
Welk beeld ging dit tijgerminiatuur,
dat God zag en hij zag het was goed, vooraf,
hebt U nog een werktekening, God, van mijn kat
of was zij een woord, zomaar een experiment?

Kat en hond
LEENDERT WITVLIET

Honden kunnen zo meewarig kijken
dat je stiller wordt en aaien wilt,
maar katten niet, hun ronde kralen
altijd droge knikkers, en toch wil je
ze strelen want ze zijn warm en gezellig,
en wie weet kunnen ze niet
zo kijken als jij en de hond.

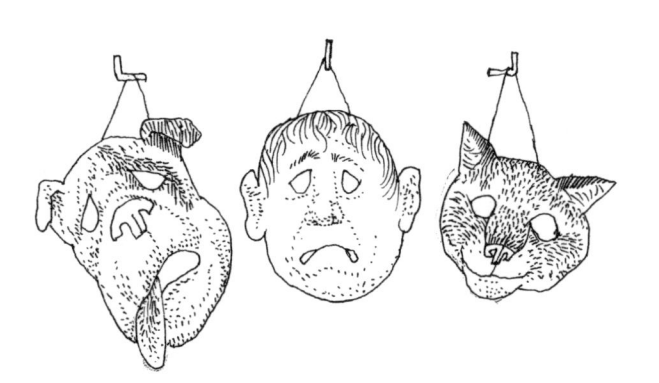

Hond met bijnaam Knak
JAN HANLO

God, zegen Knak
Hij is nu dood
Zijn tong, verhemelte, was rood
Toen was het wit
Toen was hij dood
God, zegen Knak

Hij was een hond
Zijn naam was Knak
Maar in zijn hondenlichaam stak
Een beste ziel
Een verre tak
Een oud verbond
God, zegen Knak

op het tuinpad dood
J.C. VAN SCHAGEN

op het tuinpad dood
daar lag ze bij het hekje
heel stil – of ze sliep

een kleine veldmuis

in glanzend zwartleren pakken
VALENTINE KALWIJ

in glanzend zwartleren pakken
fel geelgestreept van
hier ben ik
het is maar dat je 't weet
de motor op lawaai en op
ik neem wat me bevalt
van wie met angstzweet
machteloos de vuist gebald
want de stiletto's zijn nog juist geslepen
zich beroven laat
hopend op genade

ah, de verlammende terreur
van die snelle jongens
die de zomervreugd vergalt
omdat zij uitzijn op
je boterham met jam
of op je limonade

Het klemt als pootjes van
CHR. J. VAN GEEL

Het klemt als pootjes van
een nachtuil op een vinger.
Wat is zij mooi. Een vlinder
verdient een stoel in de morgen
vroeg in de zon.

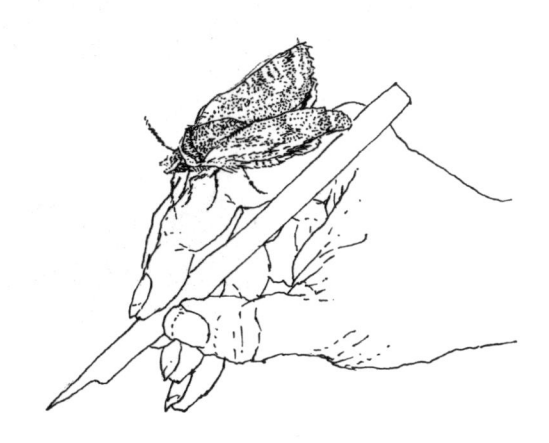

Zwartbessie
ANNIE M.G. SCHMIDT

Er was er 's een zwarte kip. Zwartbessie was haar naam.
Die zat aldoor te jammeren en te meieren voor het raam.
Ze wou zo graag gespikkeld zijn. Ze dacht het o, zo dikkels:
Waarom ben ik zo effen zwart? Waarom heb ik geen spikkels?
Och, dacht Zwartbessie verder, och, ik heb ze wel misschien,
maar ja, 't zijn zwarte spikkeltjes, je kunt ze dus niet zien.
Het was een goed idee. En voortaan zei Zwartbessie dus:
Ik ben een zwarte kip, hoera, met zwarte spikkeltjes.
Ze zei het overal, ook aan de veertien andere kippen:
Ik ben een mooie zwarte kip, met mooie zwarte stippen.
Maar al de kippen lachten. En de haan die zei geprikkeld:
Je bent gewoon een zwarte kip, en niet in 't minst gespikkeld!

Wat zielig voor Zwartbessie. O, wat zielig voor Zwartbessie!
Zij ging heel treurig zitten, en toen kreeg zij een *depressie*.

Ze at niet meer. Ze dronk niet meer. Ze legde nooit meer eieren.
Ze wou alleen maar suffen en ze wou alleen maar meieren.
Ze had al in geen eenentwintig dagen meer gekakeld.
En zij deed nergens meer aan mee. En zij was uitgeschakeld.
En als ze riepen: Kom toch eten! opende zij haar snavel
en stamelde: Ik wil niet meer. Ik kom niet meer aan tafel...

En op een mooie morgen lag zij naast het kippenhok.
Ze had haar ogen dicht. Ze zei geen tak meer en geen tok.
Toen huilden al de kippetjes en schreiend zei de haan:
Nu is Zwartbessie dood. Nu is Zwartbessie heengegaan.
Zij gingen haar begraven, met een hele lange stoet.
De haan had hele mooie zwarte veren op zijn hoed.
Ze gingen haar begraven. En de haan die hield een rede:
Zwartbessie, onze lieve kip, is heden overleden.

Wij staan dus aan het graf van onze dierbare Zwartbessie,
en naar men mij vertelt, is zij gestorven aan *depressie*.
Wat of dat is, dat weet ik niet. Het enige dat ik weet,
is dat je dan niet leggen wil, en dat je dan niet eet.
We hopen dat we 't zelf niet krijgen, dat is het voornaamste.
Zij was de allerliefste kip, en zeker de bekwaamste.
Voorts wil ik dit nog zeggen, ook al klinkt het ingewikkeld:
zij was een zwarte kip, en zij was prachtig zwart gespikkeld.

En toen hij dat gezegd had, zweeg hij even en hij schrok:
Zwartbessie deed haar ogen open en zei vrolijk: Tok!
Ze sprong springlevend overeind en riep: Zo is het dus:
ik ben een zwarte kip en ik heb zwarte spikkeltjes!
Je hebt het toegegeven, dus nu is het wel in orde.
Ik denk dat ik dus echt niet meer begraven hoef te worden.

De kippen hebben 't allemaal een beetje sneu gevonden.
Nu hadden ze voor niets gehuild, en dat is altijd zonde.
Maar goed, ze gingen weer naar huis. En alles kwam terecht.
Zwartbessie heeft dezelfde dag twee eieren gelegd.
Ze heeft een hele grote kom met graantjes opgesmikkeld.
Ze was een zwarte kip en ze was prachtig zwart gespikkeld.
Ze meierde niet meer, ze had ook nooit meer een depressie.
Dat was het, en nu is het uit, 't verhaaltje van Zwartbessie.

Vogeltjes
LEENDERT WITVLIET

Meneer en mevrouw P.
hebben vogeltjes in een kooitje
en als je er komt
mogen de vogeltjes eruit
en landen met hun warme poten
op je hoofd.
Het kriebelt wat
en je bent bang
dat ze op je kop poepen.

De mezen
GUIDO GEZELLE

Twintig mezenvoetjes
   hippelen in 't groen,
zurkelende zoetjes,
   zo de mezen doen.

Sprongen, rechte en kromme,
   doen ze elkander na,
oppe, neêre, en omme,
   ga en wederga.

Elk, op elk z'n taksken,
   laat z'n tonge gaan;
elk het mezefrakske, en
   't mezemutsken aan.

Voor die 't frakske maken,
   één duim, of drie kwart
kost het, van blauw laken
   met 'en lapken zwart.

Uit die klene lapkes,
   zwarter als laget,
snijen de mezen kapkes,
   volgens hunne wet.

'k Zie ze geren spelen,
   'k hoor ze geren, 's noens,
bobbelender kelen,
   babbelen bargoens.

't Zit entwaar 'en spinne,
   't ronkt entwaar 'en bie;
snappen doen ze ze inne,
   zonder 'een-twee-drie'.

Hoort ze vijvevazen,
   altijd even stout;
reppen, roeren, razen,
   weg en weêre, in 't hout!

'Mij!' zo roept er ene,
   'mij, die mugge!' – 'Dij?'
wederroept Marlene,
   'mij, Martijne, mij!'

Twee, die wetten weten,
   delen 't heltegoed:
eten en vergeten
   mense en meze moet!

Vuurdoorn
REMCO EKKERS

Stel dat jij een zak
met twintig sinaasappels
leeg eet – je pakt ze
met je lippen en slikt
zo'n oranje bal in één
keer door – dan de volgende.

Zo zag ik een merel
op een tak met zijn snavel
in de weer – af en toe
keek hij om zich heen
of het wel mocht.

Gedoken onder de pannenboog
J.H. LEOPOLD

Gedoken onder de pannenboog:
'wat is het hier rustig, wat is het hier droog.'
kogelrond gestoken tussen
sparren en kalk de donzen mussen:
'dik in de veren op te gaan
in zoetheid van het klein bestaan,
zonder gekheid, wij hebben het best,
warmte en een genoegelijk nest,
men is er prettig en voelt zich tevreden
en het bestaan heeft doel en reden,
alle man zo op zijn gemak,
onder het grote pannendak.'
Als de regen zijn sluizen sloot
glundere mussen in de goot
op een rij, en vier misschien
om naar het weer te zien.

Flamingoos
MISCHA DE VREEDE

heel mooi deze vogels
zij zijn roze
onder hun oksels
zij vliegen vermomd als bloem
zij bewonen hun veren
tot in de puntjes

zij zijn hooglopende krullen

Mijn lijster
JAC. VAN HATTUM

Weet je de waai wel?
Weet je de gooi wel?
Weet je wel, waar is te vinden
't huis der tweeëndertig winden?
Weet je wel, dat Holland leit
in het hart dier heerlijkheid?
Elke nieuwe dag begint
met het tikken van de wind;
met het zwiepen van de ranken
tegen raam en vensterbanken;
ied're morgen sta ik op
bij het wuiven der klimop.

En het musje schudt z'n veren
en de spreeuwen kwinkeleren;
en de lijster in de tuin
houdt het zwarte kopje schuin,
en m'n kater zwiept z'n staart,
waar hij mekk'rend likkebaardt,
en hij spant z'n zwarte rug;
maar de lijster is te vlug.
Zie, die heeft z'n nest gebouwd
in 't uitbundig bloeiend hout,
die heeft nachten door gezongen
voor z'n vrouwtje en z'n jongen
en nu trekt-ie met vertier
aan een elastieken pier.

Ik ben zo moe, zo moe, zei het geitje
IENNE BIEMANS

Ik ben zo moe, zo moe, zei het geitje.
Het zakte door zijn knieën
en plofte op het weitje.
Het weitje zei: ik ben ook zo moe.
Het rolde zich op
en dekte het geitje zo toe.

Reiger
REMCO EKKERS

Met die reiger aan de waterkant
zou ik wel een praatje willen maken
naast hem hurken en vragen:
'Nog wat kikkers gevangen?'

Samen kijken over het water en
als hij een beetje vertrouwd raakt
wil ik met mijn hand zachtjes
glijden langs zijn hals.

Hem eens lekker pakken
in zijn verenjas en later
de spitse snavel gevaarlijk
laten rusten tegen mijn wang.

De leeuwerik
D. HILLENIUS

Groots is het liedje niet
maar het geluid, het kleine vliegbeeld
de vleugels wijd gespreid om meer nog
van de warmte te ontvangen
de warmte opstijgend boven het koren
en daar een deel van zijn
deel zijn, deel hebben aan
uitstijgend zingen boven het warme land
zo houden van leven is leven
en weten van leven

Leentje
ED FRANCK

Leentje,

Gisteren
hield ik een vogeltje
in mijn hand.
Het ademde
razendsnel.
Wat een tere botjes,
dacht ik,
één kneep en
het is dood.
Een griezelig gevoel.
Ik wil het nooit meer,
een vogeltje
in mijn hand
want
wie weet.

Kunst
REMCO EKKERS

Er liep een meisje
met een dooie hond
aan een riem door
het museum, zij sleepte
hem de trap af
langs de schilderijen
over zijn wollen poten
tilde hem soms op

streelde zijn oren.
Haar meedravende zus
besteedde niet de minste
aandacht aan de hond.

Slaapliedje
WILLEM WILMINK

Bokken slapen in hun hok,
kippen slapen op hun stok,
koeien slapen in de stal,
maar een poes slaapt overal.

Onder 't grasveld slaapt de mol,
het konijn slaapt in zijn hol,
duiven slapen in hun til,
maar een poes slaapt waar ze wil.

Vliegen slapen aan 't plafond,
onder tafel slaapt de hond,
luizen slapen in je haar,
maar een poes dan hier dan daar.

Kraaien slapen in hun eik,
Juliana op Soestdijk,
boeren in de boerderij,
maar mijn poes heel dicht bij mij.

Man & dolphin/Mens & dolfijn
HANS FAVEREY

Ball; say: ball.

(Bal; zeg: bal).
Je moet 'bal' zeggen.
Dolfijn, zeg eens bal.
B/a/l: bal. Hé,

dolfijn, zeg nou eens 'bal'.

Je moet 'bal' zeggen,

dolfijn. Hé, dolfijn:
'bal'. Zeg nou eens:
bal. (Ball; say: ball).
Bal; zeg: bal.

Zeg eens bal. B/a/l.

Zeg nou eens. (Say).

B/a/l. Bal. Hé:
je moet bal zeggen.
Ball; bal. Dolfijn,
zeg bal: 'bal'. Zeg eens

bal. (Ball). Dolfijn: 'bal'.

Zeg nou eens 'bal', dolfijn.

Hé dolfijn: zeg eens
bal. Bal: b/a/l.
'Bal'; zeg eens: bal.
Je moet 'bal' zeggen.

(Ball; say: ball).

Ball; bal. Je moet.

Zeg eens; zeggen.
'Bal'. (Say). Zeg:
(ball). B/a/l. Zeg
nou eens. Hé, dolfijn.

Bal, dolfijn. Bal. 'Bal'. (Bal).

Vanmorgen vond ik Sproet
JAN 'T LAM

Vanmorgen vond ik Sproet
hij lag zo stil
hij keek zo strak
zijn kopje scheef
zijn pootjes uitgestoken
zijn lijfje koud
al hard en stijf
alleen zijn vachtje
voelde zacht
Vanmorgen heb ik Sproet begraven
gewikkeld in een krant
in onze vuilnisbak

LIEVE SPROET

WEES GEGROET

't Verdwaalde lam
J.P. HEIJE

Lammetje! loop je zo eenzaam te blaten
                Over de hei?
Hoe kom je hier, zo van allen verlaten?
    Bleef je niet liever daarginds op de wei?
    Lammetje! hier groeien bloemen noch gras,
Hier is geen watertje, dat je zou lusten,
Hier is geen schaduw om onder te rusten,...
    En als je dan nog zo klein maar niet was!

– Kindren! ik had al zo lang lopen spelen
                Ginds op de wei;
Altijd dat grazen begon te vervelen,
    'k Wou weleens zien hoe het was op de hei.
    Ach! nu verdwaalde ik al verder en meer,
'k Zoek er mijn moedertje, 'k zoek er mijn vrinden,
'k Zoek om wat gras en wat water te vinden:
    Was ik eens thuis, ik verliet het niet weer! –

Schaapje! wij zullen de weg je wel leren
                Over de hei,
Ga maar met ons en geen leed zal je deren,
    Zeker! wij brengen je weer op de wei.
    Maar, maak dan voort, of wij laten je staan,
Moeder ziet zeker al uit, waar wij toeven,
Waarlijk, ik wou haar niet graag zó bedroeven,
    Als jij je moeder vandaag hebt gedaan!

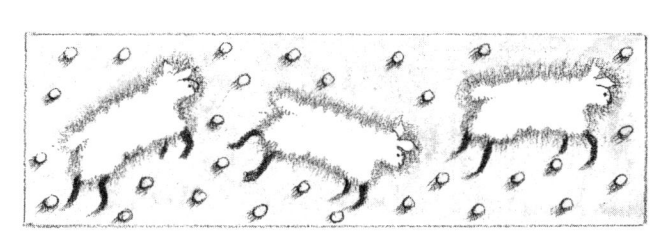

't Roofschaap
HANS DORRESTIJN

een oude Schotse ballade

't Was een erg koud voorjaar
dat het lam ter wereld kwam
in de wijde polder waar
dit verhaal een aanvang nam,
dit verhaal een aanvang nam.

Er groeide nog geen sprietje gras
de wind woei guur en schraal
zodat er niets te eten was,
de wei bleef bruin en kaal,
de wei bleef bruin en kaal.

Het lam dat beefde in de wind
en huiverde van kou.
Zijn moeder blaatte klaaglijk: '*Kind,
ik heb geen melk voor jou,
ik heb geen melk voor jou.*'

Het lammetje met haar roze mond
leed honger dag en nacht.
Ze krabde op de harde grond,
maar haar hoefje was te zacht,
haar hoefje was te zacht.

De honger dreef haar uit de wei,
de honger is een vloek,
brengt mens en dier tot razernij,
maakt van een duif een snoek,
maakt van een duif een snoek.

Het liep de lange landweg af
tot het een meisje tegenkwam.
Het kind was dik en blond en paf
en at een boterham,
en at een boterham.

Het lammetje wou een hapje brood
maar 't kind sloeg op haar snuit.
Het arme lam dat beet uit nood
het meisje in haar kuit,
het meisje in haar kuit.

Het roze bekje werd nu rood
en het lam at nooit meer gras.
Ze beet het dikke meisje dood
dat haar eerste prooidier was,
haar eerste prooidier was.

Het lam verscheurde 't dode wicht
waarvan ze het vlees verslond.
Van al het vlees en al het vet
werd het lammetje gezond,
het lammetje gezond.

Er is veel veranderd in
het wijde polderland.
Waar het eertijds rustig was,
heerst nu de noodtoestand,
heerst nu de noodtoestand.

Vaak hoort men in de donkre nacht
vanuit zijn boerderij
de doodskreet van een boerenknecht,
gereutel, angstgeschrei,
zijn leven is voorbij.

Soms jaagt het Roofschaap met een troep
achter herdershonden aan.
Men hoort van ver hun hulpgeroep
maar de honden gaan er aan,
de honden gaan er aan.

Het was een erg koud voorjaar
dat het lam ter wereld kwam
in de wijde polder waar
dit verhaal een einde nam,
dit verhaal een einde nam.

Een tweedehands jas
IVO DE WIJS

Wie zijn dat toch, wat zijn dat toch voor mensen?
Ik snap 't niet, ik kan er niet uit wijs
– Wat bedoel je met: wat zijn dat toch voor mensen?
Nou, die mensen met die knuppels op het ijs
Wat zijn dat toch voor mensen die op zeehondjes gaan jagen
Alleen maar voor, alleen maar voor het bont?
En mijn tweede vraag is minstens zo gegrond:
Wat zijn dat toch voor mensen die dat bont dan ook nog dragen?
Kijk!
Waar?
Kijk, daar!
Ooooooooh!
Daar heb je weer zo'n tweedehands jas
Zo'n jas die al van een ander is geweest
Nee, niet van een mens, maar wel van een beest
Zo'n jas die eerst van een zeehondje was
Zo'n tweedehands jas

Wie zijn dat toch, wat zijn dat toch voor mensen?
Ik snap 't niet, ik denk alleen: ocharm
– Wat bedoel je met: wat zijn dat toch voor mensen?
Nou, die mensen met zo'n zilvervossenfarm
Wat zijn dat toch voor mensen die zo'n zilvervos dan stropen?
Die enkel geven om zo'n dier z'n vel
En mijn tweede vraag begrijp je zeker wel:
Wat zijn dat toch voor mensen die zo'n vel dan ook nog kopen?
Kijk!
Waar?
Kijk, daar!
Oooooooooh!
Daar heb je weer zo'n tweedehands jas
Zo'n jas die al van een ander is geweest
Nee, niet van een mens, maar wel van een beest
Dat heeft toch geen nut, dat geeft toch geen pas
Zo'n tweedehands jas

Wie zijn dat toch, wat zijn dat toch voor mensen?
Ik snap 't niet, ik snap 't allerminst
– Wat bedoel je met: wat zijn dat toch voor mensen?
Nou, die mensen die bezeten zijn van winst
Wat zijn dat toch voor mensen die maar knuppelen en villen?
Wie zijn dat toch, hoe komen ze zo dom?
En mijn tweede vraag, daar draait 't telkens om:
Wat zijn dat toch voor mensen die dat bont nog dragen willen?
Kijk!
Waar?
Kijk, daar!
Oooooooooh!
Daar heb je weer zo'n tweedehands jas
Zo'n jas die al van een ander is geweest
Nee, niet van een mens, maar wel van een beest
Zo'n jas die eerst van een zeehondje was
Of van een konijn of een hermelijn
Een vos of een haas
Een mol of een das
Zo'n tweedehands jas

Ik ben lekker stout

Ik ben lekker stout
ANNIE M.G. SCHMIDT

Ik wil niet meer, ik wil niet meer!
Ik wil geen handjes geven!
Ik wil niet zeggen elke keer:
Jawel mevrouw, jawel meneer...
nee, nooit meer in m'n leven!
Ik hou m'n handen op m'n rug
en ik zeg lekker niks terug!

Ik wil geen vieze havermout,
ik wil geen tandjes poetsen!
'k Wil lekker knoeien met het zout,
ik wil niet aardig zijn, maar stout
en van de leuning roetsen
en schipbreuk spelen in de teil
en ik wil spugen op het zeil!

En heel hard stampen in een plas
en dan m'n tong uitsteken
en morsen op m'n nieuwe jas
en ik wil overmorgen pas
weer met twee woorden spreken!
En ik wil alles wat niet mag,
de hele dag, de hele dag!

En ik wil op de kanapee
met hele vuile schoenen
en ik wil aldoor gillen: Nee!
En ik wil met de melkboer mee
en dan het paardje zoenen.
En dat is alles wat ik wil
en als ze kwaad zijn, zeg ik: Bil!

Dat jongetje z'n moeder
ANNIE M.G. SCHMIDT

Ik ken een heel klein jongetje,
die heeft het moeilijk, hoor,
hij heeft wel erg veel autootjes,
dat kan er best mee door.
Maar toch is hij heel zielig, hoor,
wanneer je 't goed beschouwt:
hij heeft een stoute moeder,
o, z'n moeder is zo stout.

Je mag niet naar de kapper, zegt hij
nee, je blijft maar thuis.
Je mag niet naar de schouwburg ook,
je mag niet meer uit huis.
Dan stampt hij met zijn voetje
en hij wordt zo boos, maar och,
het is een stoute moeder want
ze doet het lekker toch.

Ze moet toch doen wat of hij wil
en o, hij wil zoveel.
En doet zijn moeder wat hij wil?
O nee, integendeel.
Ik wil dat jij een hijskraan koopt,
zo'n hele grote blauwe.
Ik wil een wagen en ik wil
dat je me dan gaat douwen.
Dat zegt dat jongetje heel streng,
maar ach, wat een verdriet:
hij heeft zo'n stoute moeder,
z'n moeder doet het níét.

Ik wil een auto en een trein.
Ik wil een boot van rubber.
En jij moet mee naar 't sleetje
met je voeten in de blubber.
En jij moet met mij meegaan
tot zo ver de modder in.
Maar o, die moeder wil het niet,
ze heeft gewoon geen zin.

Dan wordt dat jongetje zo boos,
zo heel ontzettend boos.
Als moeders ongehoorzaam zijn,
dan is het hopeloos.

Nou wil ik een verhaaltje, zegt hij,
over Sinterklaas.
En ik wil ook twee beschuitjes,
een met jam en een met kaas.
En kijk, z'n moeder doet het,
zie je wel dat ze het doet?
Zijn moeder is niet áltijd stout,
ze is ook wel eens zoet.

Het 'ennerige' jongetje
JAN BOERSTOEL

Er was er eens een jongetje, dat iedereen verwende,
zodat hij op den duur nog maar één enkel voegwoord kende,
die liep om elke haverklap van 'en-en-en' te gillen,
als hij weer eens zijn best deed alles tegelijk te willen.

En hij wou graag buiten spelen *en* hij wou ook naar het park,
en hij wou zijn kleine zusje op haar kop slaan met een hark,
én dan wou hij ook nog naar de dierentuin inplaats van straf...
Maar 'ennerige' jongetjes, daar loopt het slecht mee af.

Als iemand met hem wand'len ging en hem eens wou tracteren
en aan hem vroeg of hij misschien iets wilde consumeren,
dan kwam er in zijn oogjes dadelijk een lelijk lichtje
en er verscheen een hebberige trek op zijn gezichtje.

En een ijsje *en* een lollie *en* een grote zak met friet,
en natuurlijk mayonaise, anders lustte hij het niet,
en nog drop *en* pepermuntjes *en* een zuurstok als een staf...
Maar 'ennerige' jongetjes, daar loopt het slecht mee af.

Bij feesten als verjaardag, Sinterklaas of dat soort zaken,
dan was hij weken bezig om verlanglijsten te maken,
schreef allerhande wensen op met krullen en met lussen,
en overal met grote rechte letters *'en'* daartussen.

En een voetbal *en* een spoortrein *en* een surfplank, reuze stoer,
en een zwemvest, anders had hij aan die surfplank weer geen moer,
en nog twintig dingen meer waarom hij eigenlijk niet gaf...
Maar 'ennerige' jongetjes, daar loopt het slecht mee af.

Want op het laatst ging zijn gedrag zijn ouders zó vervelen,
dat die besloten om het voortaan anders te gaan spelen
en hem, zodra hij 'en' zei, ouderwets zijn vet te geven.
Nou, daarop kreeg ons jongetje opeens een ander leven.

En dan kreeg hij weer een zaaier *en* dan kreeg hij weer een lel,
en dat was natuurlijk schandelijk, maar helpen deed het wel,
want al ging het volgens kinderpsychologen nogal grof...
Het 'ennerige' jongetje, zegt nu alleen nog 'of'.

Of een ijsje *of* een lollie *of* een heel klein zakje friet,
of een voetbal *of* een spoortrein *of* gewoon een keertje niet...

Het zoetste kind
ANNIE M.G. SCHMIDT

Het zoetste kind dat ik ooit zag
was Pieter Hendrik Hagelslag.
Hij veegde altijd trouw zijn voeten,
hij zat nooit in de goot te wroeten,
ging 's avonds – ongevraagd – naar bed
en at zijn vlees met randjes vet.
Zelfs spruitjes at hij zonder brommen,
hij vroeg op school om nóg meer sommen
en hij zei nimmer vieze woorden
– tenminste niet dat je het hoorde –.
Nooit janken, brullen, jengen, gillen,
nooit drenzen of iets anders willen.
Hij kroop nooit in de kolenkelder,
zijn bloesje bleef vier weken helder,
zijn broekje bleef vijf jaren heel.
Hij jokte nooit. Integendeel.
En toen hij groot was, trouwde hij
met ene juffrouw Balkenbrij.
Zes kinders hebben ze gekregen,
die nimmer hunne voeten vegen,
die altijd in de goten slieren,
en altijd razen, schreeuwen, tieren,
die bloesjes hebben vol met vlekken
en altijd lange neuzen trekken,
die brullen, janken, drenzen, jengen,
en iedereen tot wanhoop brengen.
Tot Pieter Hendrik Hagelslag
zijn handen wringt van dag tot dag.
Waarmee ik weer heb aangetoond:
de deugd wordt niet altijd beloond.

Rosalind en de vogel Bisbisbis
ANNIE M.G. SCHMIDT

Kind, zei de moe van Rosalind,
als jij het thuis niet prettig vindt,
als jij blijft zaniken en blijft morren,
als jij blijft luieren en blijft knorren,
als jij blijft mokken en kniezen en zeuren,
dan zal er nog wel eens iets met je gebeuren!
Wat zal er gebeuren? vroeg Rosalind.

Dat zal ik je zeggen, zei moeder: Kind,
dan komt de vogel Bisbisbis
waar iedereen zo bang voor is.

Maar ik ben niet bang, zei Rosalind
(ze was een heel ondeugend kind),
ze bleef maar zaniken, bleef maar morren,
ze bleef maar luieren, bleef maar knorren,
ze bleef maar mokken en kniezen en klagen
totdat, op een van de najaarsdagen...
daar kwam de vogel, o, kijk toch 's even!
Daar kwam de vogel door 't luchtruim zweven,
dat was de vogel Bisbisbis,
waar iedereen zo bang voor is.

Hij pakte de vlechtjes van Rosalind,
en vloog er vandoor zo snel als de wind,
en Rosalind ging aan het gillen en schreeuwen
en brulde als zevenentwintig leeuwen,
daar vloog de vogel al boven de huizen.
De mensen beneden hoorden het suizen,
ze keken naar boven en riepen: O, jee,
dat beest neemt zowaar een meisje mee,
dat is de vogel Bisbisbis,
waar iedereen zo bang voor is.

De vogel vloog voort op de noordenwind.
Waar bracht hij het meisje Rosalind?
Hij bracht haar verschrikkelijk ver hiervandaan
naar een eilandje ver in de oceaan,
daar wonen wel duizend kinderen
die altijd en altijd maar hinderen
die mokken en zeuren en klagen en morren
en luieren, kniezen en drenzen en knorren
en daar, bij die stoute broertjes en zussen,
daar zit nu het meisje Rosalind tussen.
Ze blijft bij de vogel Bisbisbis
totdat ze weer lief en aardig is.

De stoute jongen
WILLEM WILMINK

Er was eens een jongen, zo stout,
die lachte om Sinterklaas,
hij gooide zijn zusje met hout
en maakte ontzettend geraas.

Hij was op zijn gemak
of kneep een oogje toe
bij Sinterklaas zijn zak
en Zwarte Piet zijn roe.

Zijn lieve zusje kreeg
een zak van knikkers vol,
een koek van bladerdeeg,
een marsepeinen drol.

Maar hém nam Sint voor straf
naar 't verre Spanje mee,
toen was men van hem af,
o wee o wee o wee.

En weten jullie al
waar of dat joch nu zit?
In 't eerste elleftal,
al van Real Madrid.

En als die voetbalclub
weer eens een wedstrijd wint,
wie roept er dan 'Hup hup'?
Die goeie ouwe Sint.

Dus als je steeds lief wilt zijn
dan ben je niet goed wijs:
wie stout is die maakt fijn
een hele verre reis.

Op schattenjacht
RIET WILLE

Ik ben
een schat
zegt ze.

Ik heb
een grote mond
een lange tong
een warhoofd
ogen die groter zijn dan mijn buik
geen oren
en twee linkerhanden
zegt ze.

Mooie schat
zeg ik.

Kinderen
JAC. VAN DER STER

De kinderen van Amsterdam
Zijn net als alle kinderen,
Je kan ze niet veranderen.
Baron, baram.

De kinderen van Blaricum
Die doen dezelfde spelletjes,
Tot moeder zegt: 't is welletjes.
Tarom, tumtum.

De kinderen van Nederland,
Zijn net als die van Afrika
Van Frankrijk of Amerika.
Garon, garant.

De kinderen van overal,
Zijn bruin of rood of zwart of geel
Of blank, maar dat scheelt niet zo veel.
Parom, paral.

Ik wou maar zeggen, snap je wel,
dat kleuren hier niet hinderen,
Want kinderen zijn kinderen.
Oui, yes, jawel.

De kinderen uit de Rozenstraat
HAN G. HOEKSTRA

De kinderen uit de Rozenstraat
hebben altijd vuile handen,
ze hebben meestal een gat in hun mouw,
en ongepoetste tanden.

De kinderen uit de Rozenstraat
hebben altijd slordige haren,
ze hebben vaak een splinter in hun hand,
en builen, bulten en blaren.

De kinderen uit de Rozenstraat
lopen meest op blote voeten,
ze zijn de hele dag op straat,
alsof ze nooit eten moeten.

De kinderen uit de Rozenstraat
schijnen zich nooit te verschonen,
ze mogen alles wat ik niet mag.
'k Wou soms wel in de Rozenstraat wonen...

Een heel klein varkentje
ANNIE M.G. SCHMIDT

Er was een heel klein varkentje, dat was zo érg precies.
Hij wou geen modder op zijn buik, want modder vond hij vies.
Hij wou niet zo maar wroeten, net als alle andere biggen.
Hij wou niet met zijn moeder in de bruine bonen liggen.
Hij wou niet in het vieze stro.
Hij was niet zo.

Dat varkentje z'n leven was gewoon een beetje treurig,
omdat hij veel te netjes was, te proper en te keurig.
Hij wou niet zo maar wroeten, net als alle andere biggen.
En om hem heen was niemand, die dat varkentje begreep.
Dat lag misschien aan het milieu,
maar 't was echt sneu!

Vanmorgen zei dat varkentje: Nu ga ik naar de eendjes,
daar was ik al mijn voetjes, en daar was ik al mijn teentjes.
En ook mijn buik een beetje. En mijn staartje doe ik later.
Zo dacht dat kleine varkentje, en – ploemp hij viel in 't water.
En schreeuwen deed die arme big!
Heel akelig!

Zijn moeder en zijn zusjes zijn zo vreselijk geschrokken.
Ze hebben 't kleine varkentje aan zijn staart eruit getrokken.
Hij kreeg een aspirientje en hij kreeg een rubber kruikje.
Hij kreeg een wollen broekje en zes dekens op zijn buikje.
En toen zei moeder varken: Nou is 't uit met je geflodder,
en morgen ga je net als wij, gewoon weer in de modder.
Want eendjes horen in de vliet,
varkentjes niet.

Mooie Anna
BERTUS AAFJES

'Anna,' sprak men tot elkaar,
'wat heeft die een prachtig haar...'
Doch, op zulk een luide wijze,
moet men kinderen niet prijzen.

Anna werd geheel van streek
als ze in de spiegel keek.
Als zij voor een winkel stond,
dacht zij: O, wat ben ik blond.

Ja, zij keek zelfs in een plas
om te zien hoe mooi zij was!
En zo keek zij, op een keer,
in de grote vijver neer.
En wat zag die Anna daar?
Goudenregen werd haar haar.

O, wat vond zich Anna mooi
in die blad- en bloesemtooi.
Maar haar handen en haar lijf
werden van het bukken stijf;
en toen Anna op wou staan
was er geen bewegen aan.
En des zomers in het park
bloeit zij stijf gelijk een hark.
O, wat heeft die Anna daar,
denk je dan, een prachtig haar!
Maar wat is die Anna dom
en als goudenregen krom.

Een kinderspiegel
JUDITH HERZBERG

'Als ik oud word neem ik blonde krullen
ik neem geen spataders, geen onderkin,
en als ik rimpels krijg omdat ik vijftig ben
dan neem ik vrolijke, niet van die lange om mijn mond
alleen wat kraaiepootjes om mijn ogen.

Ik ga nooit liegen of bedriegen, waarom zou ik
en niemand gaat ooit liegen tegen mij.
Ik neem niet van die vieze vette
grijze pieken en ik ga zeker ook niet
stinken uit mijn mond.

Ik neem een hond drie poezen en een geit
die binnen mag, dat is gezellig,
de keutels kunnen mij niet schelen.
De poezen mogen in mijn bed
de hond gaat op het kleedje.

Ik neem ook hele leuke planten met veel bloemen
niet van die saaie sprieten en geen luis, of zoiets raars.
Ik neem een hele lieve man die tamelijk beroemd is
de hele dag en ook de hele nacht
blijven wij alsmaar bij elkaar.'

De pad en de roos
HANS ANDREUS

Een pad die op een tuinpad zat,
riep: 'Wat een mooie bloemen!
Op zoveel schoonheid zal ik mij
nooit kunnen beroemen!'

Toen sprak een witte roos: 'Wees blij
dat jij nog iets bewondert.
Ik vind mezelf ook meer dan fraai,
maar 't wordt alleen ontzettend saai

wanneer je niets echt mooi meer vindt,
jezelf dan uitgezonderd.'

Sasja
ED FRANCK

Sasja,

Wat ik zou willen:
mijn gezicht
in de spiegel zien
op een ogenblik dat ik
niet
op mijn hoede
door de wereld loop,
ik bedoel
op een ogenblik
zo onbewaakt
dat ik eindelijk weet hoe
ik er uitzie.
Eén keer,
in de badkamer,
was het bijna gelukt maar
de spiegel was
bewasemd.

Dik
ANDRÉ SOLLIE

Ik ben dik, nee dik, niet mollig
en daar zit ik dus wel mee,
want ze noemen me Miss Piggy
en ik durf haast niet in zee.

In de krant zag ik een foto
van een leuke dikke vent
en die had een boek geschreven:
'Dik, en blij dat je het bent'.

Dat bedoelde hij als grapje,
want hij vond het niet zo fijn
om een dikke heer te wezen
in een wereld aan de lijn.

Maar die kerel is volwassen
en dan zit het nog wel snor.
't Is heel anders als j'een kind bent
en ze roepen: knor, knor, knor!

Over de ijdelheid
GERRIT KROL

Wie met een revolver schiet
wordt soms afgebeeld:
een beetje door de knieën zakkend, pang,
op een kleurplaat, in te sturen.

Maar ga intussen jezelf maar na,
bekijk jezelf in een winkelruit –
als je ervoor staat, kun je ook
je duimen achter de broekriem steken
en achterover staan,
vooral als de ruit een beetje wiebelt
door de wind.

Sebastiaan

ANNIE M.G. SCHMIDT

Dit is de spin Sebastiaan.
Het is níet goed met hem gegaan.

LUISTER!

Hij zei tot alle and're spinnen:
Vreemd, ik weet niet wat ik heb,
maar ik krijg zo'n drang van binnen
tot het weven van een web.

Zeiden alle and're spinnen:
O, Sebastiaan, nee, Sebastiaan,
kom, Sebastiaan, laat dat nou,
wou je aan een web beginnen
in die vreselijke kou?

Zei Sebastiaan tot de spinnen:
't Web hoeft niet zo groot te zijn,
't hoeft niet buiten, 't kan ook binnen
ergens achter een gordijn.

Zeiden alle and're spinnen:
O, Sebastiaan, nee, Sebastiaan,
toe, Sebastiaan, toom je in!
Het is zó gevaarlijk binnen,
zó gevaarlijk voor een spin.

Zei Sebastiaan eigenzinnig:
Nee, de Drang is mij te groot.
Zeiden alle and'ren innig:
Sebastiaan, dit wordt je dood...
O, o, o, Sebastiaan!
Het is niet goed met hem gegaan.

Door het raam klom hij naar binnen.
Eigenzinnig! En niet bang.
Zeiden alle and're spinnen:
Kijk, daar gaat hij met zijn Drang!

PAUZE

Na een poosje werd toen éven
dit berichtje doorgegeven:
Binnen werd een moord gepleegd.
Sebastiaan is opgeveegd.

Opzegversje
TOON TELLEGEN

Boosheid is een stof.
Is een stof, is een stof.
Boosheid is een stof, is een stof, is een millimeter
stof,
is een vingerhoedje stof,
is een kruimeltje, een krabbeltje, een krekeltje
van stof,
is een stof, is een stof,
is een krasje, is een stof, is een sprankje, is een stof,
is een kreukelige kronkelige kriebelige stof,
is een stof, is een stof.
Boosheid is een stof, is een stof,
is een stofje
en is weg.

Uitbundigheid
PIERRE KEMP

Met korven om manen in te vangen,
met bussen vol gezangen,
met potten om lichten in te drogen
reis ik langs de ogen van het land.
Met dozen zonnen,
met klanken in tonnen
en glazen gedichten in iedere dwaze hand.
Waar ik mijn armen ook rek,
ik ben overal gek.

Want er zijn dingen die kun je niet zeggen
ELS PELGROM

soms wil ik huilen
dan lach ik maar
dan denken de anderen
wat doet die weer raar

soms wil ik zingen
maar loop ik te grommen
en wil ik iets liefs doen
dan zeg ik: verdomme

soms gebeurt 't dat water
verandert in zand
dan hangt de lucht
heel laag op het land

ik kruip wel eens weg
achter muren en heggen
want er zijn dingen
die kun je niet zeggen

Zwaar de pest in
KAREL EYKMAN

Zwaar de smoor in
zwaar de pest in
en het is een knappe jongen
die mij vrolijk krijgen kan.

Niks wil me lukken, en als ik het al wou,
nergens heb ik zin in, en hoe komt dat nou.
Laat mij nou, en zeur niet, en vraag niet waarom.
Ik weet toch zelf ook niet hoe dat komt.

Zwaar de smoor in
zwaar de pest in.
En zo droevig ongelukkig
het wordt er alleen maar erger van.

Ik heb geen zin in niks doen, en spelen wil ik niet.
Ik heb geen zin in lachen, alleen zin in verdriet.
Geef mij nou maar een spekkie, dan troost ik mij daarmee.
Het is slecht voor mijn tanden, maar allee.

Zwaar de smoor in
zwaar de pest in
en het is een knappe jongen
die me vrolijk krijgen kan.

Wat valt er nog te poetsen op deze nare dag?
Wat heb je aan je tanden, als je niet snoepen mag?
Misschien ga ik jong sterven nu alles tegen zit.
Dan heb ik mooi niks aan een wit gebit.

Spleen
GODFRIED BOMANS

Ik zit mij voor het vensterglas
onnoemelijk te vervelen.
Ik wou dat ik twee hondjes was,
dan kon ik samen spelen.

Slechte kinderen
WILLEM WILMINK

Ik ben de vader van André,
en moet je horen wat-ie dee:
hij nam stiekem een kwartje mee
uit moeders portemonnaie.

> Van dat joch komt niks terecht, agent.
> Hij is slecht, pastoor.
> Wat je zegt, agent.
> Hij groeit op voor galg en rad, pastoor.
> Gattegat, agent.
> Zo is dát, pastoor.
> Het is een hele slechte vent,
> van je een van je twee van je hupsakee.
> 't Is een misdadig element,
> driemaal in de rondte. Olé.

Ik ben het moedertje van Job,
en ja, dat is me een getob.
Hij slaat z'n zusje op haar kop,
en altijd vreet hij drop.

> Van dat joch komt niks terecht, agent.
> Hij is slecht, pastoor.
> Wat je zegt, agent.
> Hij groeit op voor galg en rad, pastoor.
> Gattegat, agent.
> Zo is dát, pastoor.
> Het is een hele slechte vent,
> van je een van je twee van je hupsakee.
> 't Is een misdadig element,
> driemaal in de rondte. Olé.

Ik ben de moeder van Margreet,
en moet je horen wat ze deed:
ze kreeg een driftbui en ze smeet
vijf borden op het kleed.

> Van die meid komt niks terecht, agent.
> Zij is slecht, pastoor.
> Wat je zegt, agent.
> Zij groeit op voor galg en rad, pastoor.
> Gattegat, agent.
> Zo is dát, pastoor.
> Het is een hele rare griet,
> van je een van je twee van je hupsakee.
> En deugen doet ze niet,
> driemaal in de rondte. Olé.

Toekomstvragen
J.P.J.H. CLINGE DOORENBOS

Vader, hebt u van uw leven
    Al een wereldvlucht gemaakt?
        Nee joch.

Zijn er wel onder uw auto
    Wandelaars of zo geraakt?
        Nee joch.

Bent u wel eens bij een mooi groot
    Spoorwegongeluk geweest?
        Nee joch.

Hebt u wel eens in een wedstrijd
    Op de wielerbaan gereest?
        Nee joch.

Sloeg u wel eens het record van
    Dansen op de lange baan?
                Nee joch.

Hoeveel maal bent u gescheiden?
    Bent u ook failliet gegaan?
                Nee joch.

En bent u nog nooit beroofd óók?
    Schoof u opium, Papa?
                Nee joch.

Stond u wel eens in de kranten
    Op de foto-pagina?
                Nee joch.

Toen vroeg Jantje maar niet verder
    Draaide om en greep zijn muts,
Stapte op zijn motorfietsje,
    Dacht: die Pa van mij, da's pruts.

Huilliedjes
ALFRED KOSSMANN

9

Ik ben vast maar gevonde
en me moe is me moe niet
en me pa is me pa niet
en geen god die me ziet,
en 'k ben 't kind van een freule
en die stierf aan haar wonde
en 'k lag ergens te huile
zo maar naakt in het riet
en ik wou dat ik doodging,
dee 'k hun lekker verdriet.

Een pechdag
HANS DORRESTIJN

Het liep allemaal mis vandaag,
't begon al 's morgens vroeg:
'k stootte aan 't ontbijt de theepot om
terwijl niemand daar om vroeg.
Mijn moeder is een driftkop dus
vandaar dat ze me sloeg.

En toen ik met Henk naar school toe reed,
kwam mijn stuur in dat van hem.
Ik kwam onzacht op mijn neus terecht:
mijn neus werd rood als sjem.
Omdat 's morgens moeders hand uitschoot,
zag ook mijn oor nog rood.

Toen kwam ik nog te laat op school
en daarom kreeg ik straf.
In de pauze liep ik hard tegen Erik op,
die me kwaad een muilpeer gaf.
Waarom komt alles ineens vandaag?
Dat vraag ik me nu af.

Vanmiddag viel ik met gymnastiek
van boven uit het touw.
Mijn neus ziet rood, mijn oor ziet rood
en mijn schenen die zien blauw.
Mijn oog ziet blauw, mijn lip ziet paars
door Eriks watjekou.

Als dat vandaag zo verder gaat,
verander ik van kleur.
Als dat vandaag zo doorgaat,
raak ik vast uit mijn humeur.

De Knispadenzen
HAN G. HOEKSTRA

De allerallerkeurigste van alle nette mensen
komen uit Knispadenzië, het zijn de Knispadenzen.

En zet er een zijn kleine voet soms op jouw grote neer,
dan zegt hij dadelijk vol schrik: 'Pardon' of 'Excuseer.'

Omdat hij zo geschrokken doet neem je hem mee naar huis.
Nog tienmaal zegt hij onderweg: 'Was waarlijk een abuis!'

Hij pakt meteen de beste stoel, hij drinkt een kopje thee
en zegt voor je het vraagt: 'Ik eet straks graag een stukje mee.'

Hij glimlacht en vraagt heel beleefd: 'Waar is de telefoon?'
en nodigt zelf zijn vrouwtje uit, drie dochters en een zoon.

Dan grijpt hij naar je vulpotlood, geheel op zijn gemak,
'Zeer fraai, zeer fraai,' zegt hij en steekt hem buigend in zijn zak.

De Knispadenzen eten flink, ze eten alles op.
Dan is er televisie en zíj draaien aan de knop.

Ze lopen door je hele huis, van boven naar beneden,
kloppen hun gastheer op de rug en kijken heel tevreden.

'Ja prachtig. Is heel mooie tuin. En heerlijke balkons.
Hoe jammer, spijt ons,' zeggen zij. 'Nu alles zijn van ons!'

Slechte dag

DENISE DE VEIJLDER

Je vader won bij 't schaken
je zus gapte je platen
je leraar gaf je een nul
je vriend vond je een sul
en ma zegt dat je kniest.

Wat is het leven triest!

Maar mama heus

BIANCA STIGTER

Ik deed alleen maar	(je ogen gaan wijd open)
en toen	(er komt snot in je neus)
en toen	(je haalt op)
het is niet waar	(je schudt je hoofd)
maar zij doen altijd	(je balt je vuisten)
ach laat ook maar	(je draait je om en loopt weg)

Ik zocht op zolder; kroop tussen de spleten

HENDRIK DE VRIES

Ik zocht op zolder; kroop tussen de spleten
Achter de kolen, met groot gevaar
Aan spijkers te blijven haken.
Een klein laag kamertje vond ik daar,
Half donker. Toen kon ik een wandeling maken
Door gangetjes, waarvan ik nooit had geweten.
Ze liepen verward in elkaar.
Wie zou daar wonen? Een tovenaar?

Ben ik geen knappe tovenaar

JO GOVAERTS

Ben ik geen knappe tovenaar?
Ik draai aan deze knop
en daar druppelt water
Eén voor één
spatten de druppels uit elkaar
in een bak die we gemakshalve
gootsteen zullen noemen
Steeds sneller volgen de druppels
elkaar op, een gebroken akkoord
van plopjes waar de spetters afvliegen
en dan een heuse waterval
van klanken
De poes zingt
de tweede stem
Voor één keer
steekt ze een poot uit
maar trekt snel een natte poot weer in
Ik hou van natte poezen

nu alleen nog maar bedenken
wat mijn toverding voorstelt

De laatste tovenaar

HANS ANDREUS

In een heel klein bosje, daar
woont de laatste tovenaar.
Vroeger deed hij bar en boos,
maar nu woont hij al een poos
eenzaam tussen 't kreupelhout
en staat beverig en oud,
kouwelijk en snipverkouden,
elke dag z'n soep te brouwen –
of zit uren stil en staart
en trekt treurig aan z'n baard.

Vraag je 'm: 'Tover eens wat, toe...,'
gromt ie: 'Poeh,

dat getover,
dat is over,
da's voor mij
voorgoed voorbij.
Wat moet ik in een wereld
vol televisie en raketten?
Laat mij maar rustig zitten.
Láát me maar! Niet op me letten!'

Hij draagt iemands ouwe goed,
waarin lappen zijn gezet.
Hij heeft zelfs geen toverhoed
maar een vieze ouwe pet.
Naast z'n bedstee, op de plank,
staat nog wel een toverdrank
waar hij jong mee worden kan,
maar hij drinkt er nooit iets van,
daar zo'n drankje toch niets geeft,
als z'n vak geen toekomst heeft.

Vraag je 'm: 'Tover eens wat mals,'
bromt ie vals:

'Als ik mal was!
'k Ben geen paljas!
'k Eis direct
wat meer respect!
Maar ach, wat moet ik in een wereld
vol machines die álles berekenen?
Laat mij maar rustig zitten.
Ik heb niks meer te betekenen!'
En dat is waar.

Dus laat 'm maar,
die arme ouwe
grommende grauwe
en elke dag weer snipverkouwen
allerlaatste tovenaar.

Verhaaltje voor jullie
RUTGER KOPLAND

Er waren twee kabouters, At en Ot,
zo klein dat zij niet in de mens
geloofden, alleen een beetje in god.
Op een dag naar het leek als altijd
kwam een prinsesje voorbij. Ze zei kijk
dat is aardig, bukte en alsof zij bloemetjes
plukte, pakte zij Ot en At en stak
zoals alle prinsesjes de hele zaak in haar zak.
Zo kwamen zij in het paleis, de avond
viel, dat hou je niet tegen, maar terstond
ontstak het prinsesje opnieuw de zon,
zodat Ot en At ineens wisten dat
zij waren in het paradijs en god bestond.
Dat was de eerste dag. Zij sliepen die nacht
in lucifersdoosjes van de koning onder zacht
geurende zakdoekjes van de koningin.
En de volgende dag vroeg het prinsesje, wat
zal ik eens voor jullie kopen, waarin
hebben jullie nu de meeste zin.
En Ot en At wilden natuurlijk dat
het kermis was met chocola, een reuzenrad,
draaimolens en heel veel limonade.
Toen ging het prinsesje naar de stad
en wat bracht zij wel mee?
Vliegtuigjes, botsauto'tjes, geweertjes
een draaiorgeltje met jesterdee
slagroomijs en mooie rooie kleertjes.
En het werd alle dagen kermis in 't paleis
want At en Ot konden de trappen eerst
niet op of af en nooit alleen naar de w.c.
maar met het vliegtuig ging het een twee
drie en was het prinsesje van de wijs
dan draaiden zij het orgeltje van jesterdee.
Maar ook moesten de kabouters leren.
En Ot telde op en At trok af.
Ze kregen boeken met gouden woorden,
zo groot dat zij uren langs de bladzijden moesten lopen en ze zere
voeten kregen van het leren begrijpen
wat er stond en de potloden waren
zo zwaar dat ze alleen maar samen
en dan nog heel korte brieven konden
schrijven, bijvoorbeeld alleen hun namen.
En toen de dagen voorbij waren in het paleis
gingen zij weer weg, het was een lange reis
terug naar het bos en hun huisje stond
er als altijd. Hoe het prinsesje dat wel vond?
Ze huilde zoals ze nog nooit had gehuild,
totdat zij op een dag aan het paleisraam stond
en uit de bomen van het park een duif
verscheen met een klein briefje in zijn mond,
zo klein dat zij het haast niet lezen kon.
Er stond: dag god een zoen van At en Ot.

Er was eens een tinnen soldaatje
DAAN ZONDERLAND

Er was eens een tinnen soldaatje
Dat zat op een tinnen paard.
Het paard had vier tinnen poten
en een lange tinnen staart.

Het tinnen soldaatje wachtte
Op het schallen van de klaroen
Om met zijn tinnen sabeltje
Zijn tinnen plicht te doen.

Maar de klaroen bleef zwijgen
Want zij was ook van tin.
En niemand kon erop blazen.
Er zaten geen gaatjes in.

Drie kleine nichtjes
IENNE BIEMANS

Drie kleine nichtjes
sterregezichtjes
gingen op bezoek
in de keukenhoek.
De kat begon te blaffen.
De hond stond te miauwen.
De stoel wou onmiddellijk
met de tafel gaan trouwen.
De deksel die sprong met een zucht van de kom.
Die lachte zich krom.
Maar de drie nichtjes kwamen nooit weerom.

Het fluitketeltje
ANNIE M.G. SCHMIDT

Meneer is niet thuis en mevrouw is niet thuis,
het keteltje staat op het kolenfornuis,
de hele familie is uit,
en het fluit en het fluit en het fluit: túúúút.

De pan met andijvie zegt: Foei, o, foei!
Hou eindelijk op met dat nare geloei!

Wees eindelijk stil asjeblief,
je lijkt wel een locomotief.

De deftige braadpan met lapjes en zjuu
zegt: Goeie genade, wat krijgen we nu?
Je kunt niet meer sudderen hier,
ik sudder niet meer met plezier!

Het keteltje jammert: Ik hou niet meer op!
Het komt door m'n dop! Het komt door mijn dop!
Ik moet fluiten, zolang als ik kook
en ik kan het niet helpen ook!

Meneer en mevrouw zijn nog altijd niet thuis
en het keteltje staat op het kolenfornuis,
het fluit en het fluit en het fluit.
Wij houden het echt niet meer uit... Jullie?

Niemand thuis
JAN 'T LAM

Niemand thuis
eindelijk alleen
met mezelf en de kat
ben ik mijn eigen beest
radio op z'n hardst
brul boven alles uit
op jacht
slinger door de kamer
aan de lamp, plof
met een snoekduik
op de bank, snuffel
in alle hoekjes
van de kast, vreet
de koektrommel leeg
zonder handen
Eindelijk alleen
met mezelf en de kat
speel ik in het wild

We waren alleen in huis
HENDRIK DE VRIES

We waren alleen in huis.
We hoorden op 't venster kloppen.
We gingen ons gauw verstoppen
In 't bed en achter 't fornuis.
De deur werd opengebroken.
Een man en een vrouw kwamen binnen.
Waren dat mensen of spoken?
Ze zochten in alle kasten.

Speelgoed en lakens en linnen
En kroezen en tinnen kannen
Gaven ze weg door de ramen.
Daar stonden andere mannen.
Wij keken toe wat ze namen,
Hielden ons diep neergedoken:
Tegen zoveel vreemde gasten
Konden wij toch niets beginnen.

Het dak
JAN HANLO

Voor R. en F.

Zij stonden te kijken 4-hoog op het dak
Ik zei dat zij gaan moesten anders vielen zij eraf
Een jongetje en een meisje ik kende ze niet
In een stad zijn de huizen extra hoog
: Als je eraf valt ben je zeker dood
Zij gehoorzaamden me en ze gingen weg
Maar toen ik wat later weer keek uit mijn raam
Stond het jongetje aan de uiterste rand van het dak
Hij staarde verstrooid langs zijn schoenen af
Tussen zijn schoenpunten door naar de diepte omlaag
Gedachte aan dood bevreemdde hem niet
Ik sprak nu streng Jochie ga van de rand
Ik zal het je vader en moeder gaan zeggen
Hij ging. Of zijn die niet thuis? Hij schudde het hoofd
Zij waren niet thuis. Later hoorde ik hun schommel op de zolder gaan
Zij schommelden lang en vrolijk samen
En zongen daarbij vrolijke liedjes

Omdat ze zo nieuwsgierig zijn

Recept
THEO OLTHUIS

Neem een emmer limonade
en een pan met choco-ijs,
doe daarbij tien groene lollies,
spekkies, kauwgom en wat anijs,
daarna nog een onsje koekjes,
zuurstokken, drop en suikerspin,
zwartopwit en veertien toffies,
dan zit alles er wel in.
Zo, nu even heel goed roeren,
'k denk vást dat je ervan houdt...
Ojee, ik ben nog iets vergeten:
een pondje kiespijnpoeder
ánders – gaat het zeker fout!

Eetlust
WILLEM WILMINK

Rutger, laat die vork met rust!
Is er niks meer wat je lust?
   Jongens, eet nou door.
Veeg je mond af met een doek,
stop het vlees niet in je broek,
   jongens, eet nou door.

Gooi de sla niet op de grond,
neem een hap, het is geen stront,
   jongens, eet nou door.
En wat doet ons Rutger nu?
Gooit z'n yoghurt in de sju,
   jongens, eet nou door.

Ach, Michiel die heeft zowaar
een gehaktbal in zijn haar,
   jongens, eet nou door.
Rutger houdt alles in zijn mond,
daarom is zijn kop zo rond,
   slik het toch eens door.

Toen ik zelf een jongen was,
was het niet zo eersteklas,
   jongens, eet nou door.
In de oorlog, jongens, toen
zagen wij van honger groen,
   stel je maar eens voor.

Aten wij een stukje drop,
sloeg de mof meteen er op!
   Want hij had ons door!
En wij kind'ren kregen elk
eens per jaar een glaasje melk,
   jongens, eet nou door.

Rutger, hou maar eens je kop,
nee, het is niet bijna op,
   eet nou toch eens door.
En Michieltje, toe nou toch,
vierentachtig hapjes nog,
   dan ben jij erdoor, ja,
   dan ben jij erdoor.

Een heksenbezoek
DIET HUBER

Laatst kwam de heks Wawoelika
een keertje bij me eten.
Het was een wonderlijk bezoek
ik zal het nooit vergeten.
Toen zij haar bezem had gestald
kwam zij de kamer binnen
gevolgd door een gestreepte pad
en zeven wilde spinnen.
Ik vroeg haar: 'Wilt u thee mevrouw?
En ook een droog biskwietje?'
'Nee dank u,' zei ze, 'maar wel graag
wat zeepsoep met een rietje.'
Ik gaf haar dat. Zij blies er in
en mompelde een beetje.
Toen liep er plotseling een krab
over het tafelkleedje.
Ik zei: 'Wat denkt u van het weer?
Houdt u van zon of regen?'
'Laatst heb ik,' zei ze, 'van de reus
een ellepijp gekregen.'
Ik dacht: 'Dit is geen goed gesprek,
ik ga maar vast wat koken.'
Intussen zat zij met haar neus
de kachel op te poken.
Het eten smaakte haar wel goed
(zo ook de zeven spinnen)
de pudding deed zij in haar tas
gerold in 't tafellinnen.
Toen zei ze opgewekt: 'Adieu!
Ik heb hier echt genoten!'
En tot haar dieren: 'Vort! Allee!
Kom beestjes, op de poten!'
En ze verhief zich in de lucht.
Ik wuifde met mijn zakdoek,
de pad keek van de bezemstok
argwanend uit zijn ooghoek.
Die avond vond ik in mijn bed
wat afgekloven stronken,
't was een kadootje van de heks
mij stilletjes geschonken.
Ik dacht nog lang er over na.
Je moet veel heksen kennen
om aan gewoonten en gedrag
een beetje te gaan wennen.
Je moet ze zien zoals ze zijn
met heel hun heksenleven –
maar met een tweede eetpartij
wácht ik toch nog maar even.

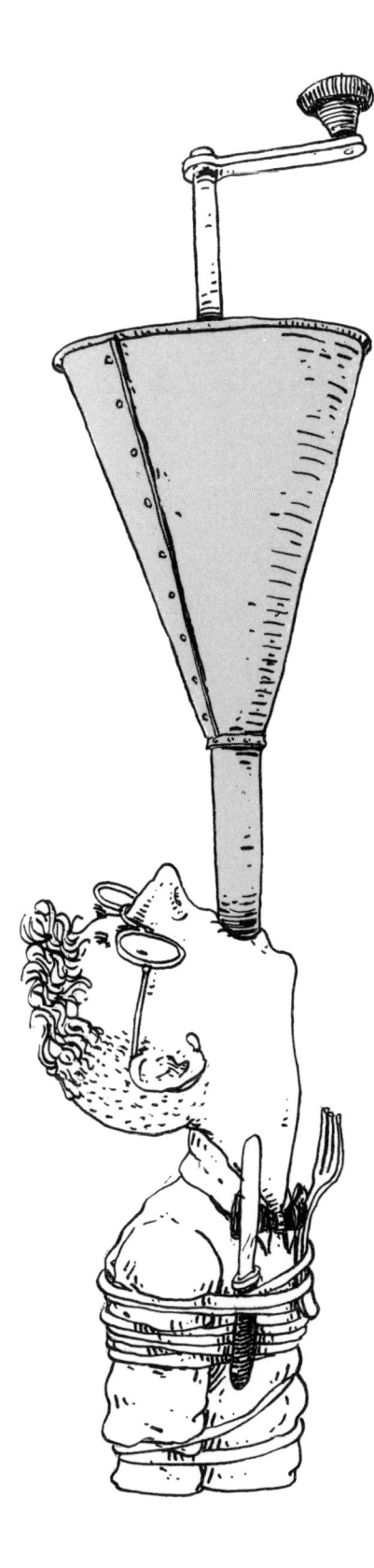

't Enge restaurant
HANS DORRESTIJN

'k Heb als kind zoveel geleden,
honderd maal zoveel als jij.
Ik had ouders hele wrede.
'k Kreeg daaglijks op mijn lazerij.
Mijn lot was door de weeks te dragen,
al sloegen ze met harde hand,
maar 'k moest alle zaterdagen
met ze mee naar 't enge restaurant,

't enge enge enge restaurant!

Daar liepen twintig ober-kellners tierend af en aan,
enkel om de kinderen te jennen.
Die kregen poffertjes gevuld met levertraan
of ijs met mayonaise om ze te verwennen.
En als je het niet opat, sloegen obers met een stok.
Ze sleurden je het restaurant door naar de kok.
In de keuken had de kok wel duizend vorken en messen.
Hij prikte meer in kinderen dan in rollade of in konijn.
'Ah, ist das wier ein Kind das nicht will fressen?!'
bruldе hij. Je wist meteen hoe vreeslijk wreed je straf zou zijn.

'Hou je handjes eerst maar eens een poosje in die hete ketel soep.
En geen gejank. En haal ze er pas uit als ik je roep.
En kijk maar niet zo vies. Ze is getrokken van bouljon.
Er zit een beetje prei in, maar 't meeste champignon.
En als je niet wilt eten ventje, is je mond misschien te klein.
Dan nemen we dit vleesmes. Hou je vast want het doet pijn.
En dan snijden we je mondhoek hier en hier een stukje in...'
Je schreeuwde en je bloedde en dan had de kok zijn zin.

Je moest het hete spekvet drinken van net uitgebakken spek.
Dan zat je hele mond onder de blaren.
Je moest het braaksel eten, ook al had je heel geen trek
van kindertjes die misselijk geworden waren.
Als je terugkwam in de eetzaal, vol met bulten, onder 't bloed,
dan lachten alle obers en dan riepen ze: *'Net goed!!'*

Je ouders hadden al gegeten, maar dan zei je moeder: *'Snoes,*
er staat voor jou een bordje, raad eens, heerlijk, chocolademoes!'
Er kropen dikke pissebedden uit een puddinkje met zand
en je rende gillend uit het enge restaurant,

't enge enge enge restaurant.

Goudvinken
REMCO EKKERS

Een heel klein omeletje
kun je bakken van de eitjes
van de goudvink, maar als
je het niet doet, komen er
na twee weken broeden vijf vogeltjes
uit de struiken en na nog eens
veertien dagen, vliegen ze uit
compleet met pootjes, ogen, snavels.

Ze wegen minder dan een gouden lepel
maar ze kunnen adem halen
voedsel zoeken, heel mooi vliegen
en later een nestje bouwen
van fijne takjes en mossen
doorweven met donkere wortels.

Huilliedjes
ALFRED KOSSMANN

8

Ze hebbe elke dag stront.
Me vader seg dat me moe
de schille kook door de piepers
en dat is ongesond
en me moe seg
dat ze ze niet weg kan smakke
want dat is sleg
as der mense zijn die der na ópsnakke
en me vader seg dat het zen reg
is om goed te vrete
en dat tie het anders verdomt
en me moe seg dat tie dat zal wete.

Tekst voor tandartswachtkamer
CHR. J. VAN GEEL

Bijt door de zure appel heen
of voed je met een winterpeen.

In taart, gebak en allerhande,
de schuld zit in bonbons verpakt,
van snoepen krijg je slechte tanden.

Het spook Spagetti
NANNIE KUIPER

In het grote griezelbos
woont het witte spook Spagetti
kijk, d'r haren hangen los
en ze is op zoek naar Betty
spook Spagetti, spook Spagetti
waarom zoek je onze Betty?

Oh, ik wil haar laten beven
als een rietje
't bange grietje
lekker eng doen
vreeslijk streng doen
en haar vieze drankjes geven
'k zal haar wel eens laten schrikken
stiekem in haar benen prikken
en dan lachend weer verdwijnen
zo maar achter de gordijnen
dag m'n kleine bange Betty
ja, ik ben het spook Spagetti.

Betty stond van angst te trillen
(heb je haar niet horen gillen?)
maar toen dacht ze: wacht eens even
'k zal dat spook eens laten beven...

en het spook zat even later
in een pan met kokend water
dag m'n bange spook Spagetti
zei toen lachend onze Betty.

In het grote griezelbos
ligt het witte spook Spagetti
zielig op het zachte mos
gaargekookt door onze Betty
Spook Spagetti, spook Spagetti
'k eet je lekker op, zegt Betty.

Boerenkoolfeest
JAN VAN HOFTEN

In de hazen-broodjeswinkel
klinkt het vork- en mesgerinkel,
alle hazen eten broodjes,
broodjes ham en vis in mootjes,
broodjes ei en warme worst,
broodjes wortel voor de dorst.
In het hazen-broodjeszaakje
krijg je koffie met een kaakje.

En voor kleine hazenpukjes
zijn er extra-hoge krukjes.
Hazen groot en hazen klein,
iedereen vindt het er fijn.

Maar het duinkonijn Dido'tje
zegt: O nee, ik wil geen broodje.
'k Wil vandaag geen ommeletje,
liever ook geen vleeskroketje.
'k Lap dat lekkers aan mijn zool,
'k Wil een portie *boerenkool*.

In de hazen-broodjeswinkel
met het vork- en mesgerinkel
juichen luid dan alle dieren:
Ja, wij gaan de winter vieren,
want bij zeven graden vorst
eet je boerenkool met worst.

Aftelrijmpje
J.C. VAN SCHAGEN

bij de bruine bonen
daar zat een groene ert
hoe is die daar gekomen
hij wou niet in de snert
primo hier en primo daar
ert beken je zonden maar
hangt 'em op
aan zijn kop
met een strop
voor zijn straf
die is
      AF!

Ook voor augurkjes
DIET HUBER

Brom brom snurk.
Wie slaapt daar? Een augurk.
Ze droomt van mooie kleren,
een mutsje van fluweel,
ze draagt een lange jurk en
ze woont in een kasteel.
Ze droomt van goud en zilver,
een tafelkleed van kant,
maar wordt opeens gewekt door
een ruwe mensenhand.
Die stopt haar in een pot met
azijn en kruidenwijn –

hóé zuur kan soms het leven
ook voor augurkjes zijn.

Jonge sla
RUTGER KOPLAND

Alles kan ik verdragen,
het verdorren van bonen,
stervende bloemen, het hoekje
aardappelen kan ik met droge ogen
zien rooien, daar ben ik
werkelijk hard in.

Maar jonge sla in september,
net geplant, slap nog,
in vochtige bedjes, nee.

Hoor, daar wordt
GERARD BERENDS

Hoor, daar wordt
op de deur geklopt!

De kat spitst de oren:
een vis misschien,
die wil overnachten,

of een schotel melk
die de weg kwijt is?

Honger
A. KOOLHAAS

Een man die een zaag vond
zaagde een lang, traag brood.
Toen de zaag eindelijk stilstond,
was de man al lang dood.

O dat zal een droevige dag zijn
REMCO CAMPERT

O dat zal een droevige dag zijn
de 1ste dag van het jaar 2000
70 ben ik dan, een oude man
voor wie de 21ste eeuw te laat komt

Ja met mijn kindskinderen aan mijn knie
zal ik die dag
1 treurige oude man zijn

Opa is nieuwsgierig
KAREL EYKMAN

Je weet het,
als mensen oud zijn,
dan worden ze niet meer groot.
En als ze dan nog ouder zijn
dan gaan ze tenslotte dood.

Maar als je je opa gaat vragen
wanneer hij nou eens dood zal gaan,
dan zal je opa zeggen:
'dat gaat je geen donder aan'.

Dat komt zo:
als mensen oud zijn,
dan willen ze nog niet weg,
omdat ze zo nieuwsgierig zijn:
wat komt er van jou terecht?

Want opa's zijn altijd nieuwsgierig
naar wat voor soort mens je wordt.
Hij kan het nog niet precies raden,
want daarvoor leef jij nog te kort.

Bloemen
T. VAN DEEL

Mark herinnert zich nog
hoe hij bij het open raam
zachtjes de bloempot verschoof
om daarmee hard het hoofd van opa
te treffen, die in de verte
aan kwam lopen. Alles heel
onschuldig. De aanslag mislukte
mooi, achteraf gezien. Opa keek
wel vreemd op, maar Mark
was nergens te bekennen.

Amsterdam
GERRIT KROL

Een man met ballonnen
loopt recht op en neer.
Hij is er mee begonnen.
Hij staat er morgen weer.

Toen ik hem voor het eerst zag
J. BERNLEF

Toen ik hem voor het eerst zag
was ik tien hij zevenenzestig
dat ook hij een soort kind is geweest
ontdek ik nu pas

op een foto
genomen in Rotterdam.

Voor de op linnen geschilderde golven
poseert hij met broertjes en zusjes
broeierig in zijn matrozenpak
een angstig groepje
in een roeiboot

lichtbruin en gevlekt
als alle foto's
net echt.

Test
ANDRÉ SOLLIE

'k Zal wel af en toe eens vragen
of het niet te killig wordt;
of ik soms nog thee moet zetten,
vragen of er nog wat schort.

Of ik niet wat voor zal lezen,
uit de krant of uit een boek.
Eerst nog even op de emmer;
eerst nog gauw een schone broek.

Nee, ik zorg vandaag voor opa;
ja hoor, nee, dat kan ik best.
'k Wil zo graag verpleger worden,
dus dit is een goeie test.

Pudding, sinas, glaasje water.
Zalfje, windsel, pleister, pil.
Maar konstant z'n hand vasthouden
is nog 't liefste wat hij wil.

Je opa van de sleutelbos
IENNE BIEMANS

Je opa van de sleutelbos
die maakte alle deuren los.
Er was een deur van ijzer.
Er was een deur van hout.
Er was een deur van glas-in-lood.
Er was een deur van goud.

   Wat zat erachter?
Een meisje aan de Vecht
dat van de ochtend tot de avond
haar lange staarten vlecht.
   Mocht je gaan kijken?
Later misschien.
't Is al genoeg, zei je opa,
dat ík het heb gezien.

De oude dame
PETER

Wie woont er in de stille straat
achter de hoge ramen,
in 't huis, waar niemand binnengaat?
Een oude, grijze dame.

Toen zij nog een jong meisje was
heeft zij eens mogen kiezen:
een huis van goud met spiegelglas
en prachtige serviezen.

En 't andere dat haar keus kon zijn
zou haar geen rijkdom geven,
maar wel veel vriendschap en 't geheim
om altijd blij te leven.

Toen heeft zij gauw gezegd: Geef mij
het huis en de juwelen.
Toen sloot zij vlug de deur en zei:
nu kan geen mens het stelen.

Nu zit ze voor het grote raam
wat stilletjes te pruilen,
want niemand noemt haar bij haar naam
en dikwijls moet ze huilen.

Stel je voor
IENNE BIEMANS

Stel je voor
je was van steen:
alles vast om je heen.
Stel je voor
je was van glas:
als je dan gevallen was.
Stel je voor
je was van ijzer:
de grote of de kleine wijzer
van de klok van Hindeloopen.
Stel je voor
ik kwam je kopen
maar ik kon je niet betalen,
want je was me veel te duur.
Dan hing je daar nu toch maar mooi
in die klokkenwinkel
aan de muur.

't Gebreide oompje
MARGA BOSCH VAN DRAKESTEIN

Tante Betje houdt van breien.
Sokken, dassen, mutsen, spreien,
iedereen loopt met sjaals en wanten,
allemaal gebreid door tante.

Alle vrienden en bekenden
dragen al gebreide hemden.
Zelfs de kater en de hond
lopen met een jasje rond.

Eindelijk was iedereen
volgebreid van top tot teen.
Alle nichte' en neven zeien:
'Wat moet tante nú nog breien!'

Want ze hadde' al hele pakken
pannelappe' en kruike-zakken.
Tante zat in wanhoop neer,
want nu wist ze heus niets meer.

Maar zo na een dag of drie
kreeg ze nieuwe fantasie.
'Als 't wil lukken' riep ze 'dan
brei ik voor me zelf een mán!'

Nou daar ging het breien weer,
rechts en averechts op en neer,
hoed en neus en pijp en oren,
't lijf van acht'ren en van voren,
en zo op de zesde dag…!
Mens, je wist niet wat je zag!

't Was een oompje om te zoenen
gans gebreid van hoofd tot schoenen,
en nooit bromme' of zedepreken
slecht humeur of tegenspreken.
Echt een oom om van te houwen,
dus ging tante met hem trouwen.

Oom was altijd best tevree,
knikte ja en knikte nee.
Soms moet tante wel bij tijen
pannekoeken voor hem breien,
want daar houdt hij zoveel van.
Ja, het is een beste man!

Mijn zoon
J.C. NOORDSTAR

Mijn zoon ging vissen bij de vliet.
De wind woei vrolijk door het riet;
te midden van potjes en pannetjes zat hij daar
totdat plotseling, wij weten niet hoe of waar,

hij in het water geduikeld is, voorover, op zijn kop;
zijn hengel en klompen lagen er bovenop.
Zo moet hij daar gelegen hebben, drie uur in de kou,
en geen mens die dat gezien heeft die morgen, gij beseft het nauw'.

Van 's morgens negen tot twaalven, wat moet dat verschrikk'lijk zijn,
terwijl de wind ruist in de populieren. Daar bij gindse boerderij,
dáár is het leven vrolijk in gang; zo nu en dan bereikt ons een kreet,
dat men zich maar verlaten voelt en denkt dat men ons vergeet.

Ach die bomen die ruisen zo hoog en zo werelds
en een snik verstikte zijn stem, en tranen heerlijk
mengden in zijn gedachten – ach, het riet danste, mijne heren, met wijde gebaren,
en de wind liep achter zich zelf aan op het water, niet te bedaren.

Geen schip kwam daar voorbij, geen boer op een fiets,
geen kalf dat blatend loeide omdat het iets
niet in orde speurde, grazend langs de waterkant,
noch enig melker komend met zijn emmers van het land...

Geen einde is er aan dit droevig lied,
altijd zal het gapen blijven, gelijk hij lag in het riet,
en geen mens vervult deze leemte; als enig slot
blijven wij aan het malen van wind en water en zijn treurig lot.

Het scheepje
J.H. SPEENHOFF

Er dreef een scheepje in de sloot, een scheepje zonder roer,
dat heel allenig zeilen ging en door de biezen voer.
Het was een klompje van een kind met touwtjes en een mast.
Het raakte in het groene kroos en niemand hield het vast.

De moeder had het zeil gemaakt met nog een vlag erbij.
De vader had het opgetuigd: toen was de jongen blij!
Het scheepje draaide heen en weer en zeilde langs het gras.
Toen ging de vader aan zijn werk en moeder aan de was.

Maar toen het tijd van eten werd keek moeder angstig rond,
omdat ze aan de waterkant alleen het scheepje vond.
Hun lieve dreumes was er niet. Ze vloog naar binnen toe.
Ze riep zijn naam wanhopig uit, maar niemand zei er 'joe'!

Er stond een scheepje op de kast, dat was miljoenen waard.
Wanneer de vader er naar keek, dan trok-t-ie aan zijn baard.
En als de moeder 's avonds laat het in haar handen nam,
dan hoorde zij een lieve naam waar 'oe' en 'ie' in kwam...

Vroeger
IENNE BIEMANS

Vroeger
toen alles heel anders was
kreeg je van je moeder
een loden jas.
Vroeger
was de winter koud
en je moeder was getrouwd.
Elke ochtend naar de kerk.
Wie vroeger geboren is,
is nu sterk,
zei mijn oma.
Ze woont in het Zuiden
waar je de klokken nog kunt horen luiden.

naarmate mijn rokken
NEELTJE MARIA MIN

naarmate mijn rokken
langer werden, werden
mijn hinkelbanen korter;
gelijk met mijn knieën
verborg ik mijn poppen.

Het kleine meisje had groot verdriet
HENDRIK DE VRIES

Het kleine meisje had groot verdriet:
Ze zocht haar moeder en vond haar niet.

De wereld wit en de hemel grauw;
Toen zag ze rook uit een verre schouw.

Ze kwam aan een huis waar doden zaten
Rondom een tafel, alsof zij aten.

Onder de schoorsteen klonk luid gesis.
Daar hing een pot vol kokende vis.

Ze nam de vis en verborg de graten.
De wind huilde door de venstergaten.

En jij?
TIM KRABBÉ

en jij?
als ik groot ben
word ik piloot

en jij?
als ik groot ben
ga ik dood

en jij, en jij, en jij?
als we groot zijn gaan we dood
maar eerst worden we nog even piloot

Waarom…?
J.H. SPEENHOFF

  't Kind.

Moeder, waarom heb ik honger,
Moeder, waarom heb ik kou;
Waarom lost mijn vader kolen
En ben jij een zieke vrouw?
Waarom heb ik witte konen
Waarom is de melkkan leeg:
Waarom moeten wij hier wonen
In die nare, vieze steeg?
Waarom krijg ik nooit 'n koekje
Of een boterham met stroop;
In de winkel op 't hoekje
Is dat allemaal te koop.
Vader werkt toch alle dagen
Jij houdt hier de kamer schoon…

  De Moeder.

Kind, dat moet je mij niet vragen,
Vader krijgt geen hoger loon

  't Kind.

Moeder, ben ik dan geen kindje
Met een lijfje en een mond?
Ik wil ook een prachtig lintje

En een manteltje met bont
Laatst ben jij gaan zitten grienen
Toen ik om een popje vroeg,
Kan je dan niet meer verdienen
Voor ons allemaal genoeg?
Waarom zijn de winkels open
Voor de rijke lui misschien?
Als je toch geen pop kan kopen
Waarom mag je 'm dan zien?
Waarom wordt er koek gebakken
Iedereen houdt er toch van?
Waarom mag je nu niet pakken
Wat je zo maar nemen kan?

   De Moeder.

Kind, dat zal ik je verhalen,
Luister nu eens even lief:
Als je koopt moet je betalen,
Als je neemt ben je een dief.

   't Kind.

Moeder als we honger lijen
Mogen we dan treurig zijn?

   De Moeder.

Als de rijke mensen schreien
Doen hun tranen net zo'n pijn.
Laat ze smullen, lachen, erven,
Iedereen heeft zijn verdriet,
Alle mensen moeten sterven.

   't Kind.

Moeder, dat begrijp ik niet.

Het vogeltje Pierewiet
HAN G. HOEKSTRA

Was een héél klein vogeltje,
heette Pierewiet,
wist niet waar zijn moeder was,
had daarom zo'n verdriet.

Liep maar gauw bij de slager aan,
slager kwam in zijn deurtje staan.
'Slagertje, heb je mijn moeder gezien?'
'Spijt me verschrikkelijk, Pierewiet,
maar jouw moeder, die zag ik niet.'

Trippelde het naar de kruidenier,
die deed zijn deurtje op een kier.
'Kruidenier, heb je mijn moeder gezien?'
'Spijt me verschrikkelijk, Pierewiet,
maar jouw moeder, die zag ik niet.'

Is het bedroefd naar de smid gegaan,
die kwam voor de deur met zijn voorschoot aan.
'Smidje, heb je mijn moeder gezien?'
'Spijt me verschrikkelijk, Pierewiet,
maar jouw moeder, die zag ik niet.'

Hipte het snikkend naar tuinman Kluit,
die plukte een ruiker voor een bruid.
'Tuinman, heb je mijn moeder gezien?'
'Vlieg maar de tuin in, Pierewiet,
'k wéd dat je daar je moeder ziet!'

't Broekie van Jantje
J.H. SPEENHOFF

Er was eens een haveloos ventje,
die vroeg an z'n moeder 'n broek.
Maar moeder verdiende geen centje
en vader was wekenlang zoek.
'Ach moedertje, geef me geen standje,
er zit in mijn broekie een scheur.
De jongens op school roepen: Jantje,
jouw billen die zien wij erdeur!'

De moeder werd ziek van de zorgen,
lag stil en bedrukt in een hoek.
Geen mens die haar centen wou borgen
en Jantje vroeg toch om zijn broek.
Toen heeft ze haar rok uitgetrokken,
de enigste die ze bezat,
en ze maakte van stukken en brokken
een broek voor haar enigste schat.

Nou konden ze Jantje niet plagen,
nou waren zijn billen niet bloot.
Maar voor hij zijn broekie kon dragen,
ging moeder van narigheid dood.
Ze stierf van het sjouwen en slaven
vervloekt en verwenst door haar man.
Toen Jantje haar meê ging begraven,
toen had-ie zijn broekie pas an.

Dan denk ik aan 't konijntje, dat ik zag
JOHAN ANDREAS DÈR MOUW

Dan denk ik aan 't konijntje, dat ik zag
als kind vóór Sint Niklaas achter het glas
van dure speelgoedwinkel. O! dat was
zo'n prachtig beestje, grijs en wit; het lag

gezellig in zijn mandje in mooi-groen gras;
en als 'k van school kwam, bleef ik iedre dag
staan kijken, bang, dat 't weg zou zijn. En, ach!
eens wás het weg; en toen begreep ik pas,

dat ik toch heimlijk steeds was blijven hopen,
dat ik 't zou krijgen. Thuis heb 'k niet gepraat
over 't konijntje, maar 'k wou niet meer lopen,

omdat 'k dan huilde, aan die kant van de straat.
Nu zou 'k me zo'n konijntje kunnen kopen,
maar 'k word zelf grijs. Want alles komt te laat.

Zusjes
LIDY PETERS

De tijd dat we met bomen spraken
in het gras lagen
en voelden hoe de aarde draait.
De geur van rozen
water op het zand
en natte meisjesharen.
We fantaseerden over later
en konden nog niet weten
dat bomen,

later,

niet meer praten.

De tijd van elfjes is voorbij
ANNIE M.G. SCHMIDT

Mijn vader zei, mijn vader zei:
De tijd van elfjes is voorbij.
Ze dartelen niet meer, net als toen,
tussen de bloemetjes van 't plantsoen.
Ze spelen niet meer in het perk
tussen de rozen, bij de kerk,
onder de wilgen van de wei.
De tijd van elfjes is voorbij.
Maar toen ik 's avonds wakker was,
toen scheen de maan zo wit op 't gras.
Een mannetje onder de pereboom
had een wit paard aan een zilveren toom.
Ran plan, flindere flan,
niemand weet er het fijne van.

Mijn moeder zegt, mijn moeder zegt:
Nee, elfjes die bestaan niet echt.
Niet in de vijver en niet in de tuin,
niet op het allerhoogste duin.
Enkel in boeken bestaan ze soms,
maar in de boeken staat zoooooveel doms!
's Nachts stond het mannetje bij het hek,
onder die boom op dezelfde plek.
Enkel die nacht was het paard te koop
voor achttien cent en een koperen knoop,
Ran plan, flindere flan,
niemand weet er het fijne van.

Mijn vader sliep, mijn moeder sliep,
toen ik het buitenste hek uitliep.
Ik reed op het witte paard z'n rug
over de heggen en over de brug.
Niemand weet dat ik ginder was
met elfenkindertjes op het gras,
en niemand weet hoe hoog ik heb
geschommeld in een spinneweb,
en niemand weet hoe fijn het is:

spelletjes doen met een hagedis,
en krijgertje spelen met een elf
en hinkelen met de koning zelf.
Ran plan, flindere flan,
niemand weet er het fijne van.

Winter
LEENDERT WITVLIET

De kwakende eenden waggelen
op weg naar het brood in de sneeuw
en eentje die strompelt ertussen
ze heeft één en een halve poot
maar wil net zo goed brood
als de andere eenden dat willen
in steenkoude winters.

Het land is moe
DRS. P

Het land is moe
De hemel grijs
De wind is koud
Zo koud als ijs
Mijn jas is dun
De kleur is vaal
De weg is lang
De boom is kaal

Mijn rug is krom
En macht is recht
De lucht is vuil
Het brood is slecht
Het dak is lek
De vloer is rot
De ruit is stuk
Het kind is zot

La la la la, et cetera

De muur is klam
Het licht is zwak
De hond is vals
De stoel is wrak
Het geld is krap
Het brood is slecht
Of had ik dat
Al eens gezegd?

Het oog is dof
Het bloed is rood
Het haar is grijs
Het paard is dood
Het vlees is taai
Het werk is zwaar
Het bier is duur
Het lied is klaar

changement de décor
C. BUDDINGH'

het had een paar uur gesneeuwd en ik keek naar buiten:
er lag sneeuw op de straat
sneeuw in de tuinen
sneeuw op de auto's
sneeuw op de daken
sneeuw op de bomen
sneeuw zelfs op de randen van de hekken

en ik moest dan ook wel tot de slotsom komen:
ja, het is inderdaad een witte wereld

Schaatsenrijden
CLARA EGGINK

Glad en wijd ligt het ijs
in een veeg wit en grijs
en de lucht, tastbre kou,
is gestolpt onder blauw.
En mijn schaats met een kras
als een schot onder glas
trekt een veervormig spoor
van mijn voet uit te loor.
Ik scheer scheef op het vlak
langs een donkerblauw wak.
Na een sprong voor een scheur
als een koord, schiet ik voort
op het staal en ik duik
in de wind en gebruik
elke spier, die geniet
als ik suis langs het riet.

Kerstliedje
J.H. LEOPOLD

In de donkere dagen van Kersttijd
is een kind van licht gekomen,
de maan stond helder over de dijk
en ijzel hing aan de bomen.

Onder de doeken in de krib
daar lag dat lief Jezuskindekijn
en spelearmde en van zijn hoofd
ging af een zuivere lichtschijn.

Maria die was bleek en zwak
op de knieën neergezegen
en zag blij naar het kindeke;
en Jozef lachte verlegen.

En buiten in de bittere kou
en de stille Kerstnacht laat
de heilige driekoningen kwamen van ver
door de diepe sneeuw gewaad.

De heilige driekoningen hoesten en doen
en rood zijn beî hun oren,
een druppel hangt er aan hun neus
en hun baard is wit bevroren.

De heilige driekoningen in de stal
verwonderd zijn binnen getogen;
het licht, dat van het kind afging,
schijnt in hun grote ogen.

De heilige driekoningen staren het aan
en weten zich niet te bezinnen
en het kind ligt al te kijken maar
en tuurt in een denkbeginnen.

De kerstman
ANNIE M.G. SCHMIDT

De kerstman zat te brommen in zijn witte baard:
Ik ga dit jaar beslist niet naar de mensen.
Ze zijn 't over 't algemeen bepaald niet waard,
ze hebben altijd zulke overdreven wensen.
Ze zijn zo dom, ze zijn zo ijdel en ze snoeven zo
en dan die radio, en dan die radio.
Ik zal het voortaan dus maar liever laten
of zal ik nóg eens met ze praten...?

Nee, zei de kerstman, nee,
het gaat op aarde niet meer volgens mijn idee.
Hoor die mensen toch es jokken
onder 't luiden van de klokken.
Ik ga nooit meer naar beneden met de slee.
Nee, zei de kerstman, nee.

Er kwamen zeven dames in een zeppelin,
een damescomité met zijden rokken.
Ze wilden ogenblikkelijk de kerstman zien.
Ze zeiden: O, we zijn zo vreselijk geschrokken!
U krijgt van ons een goud horloge en een half miljoen
en nog een kerstkalkoen, en nóg een kerstkalkoen.
U weet niet half wat u voor ons betekent,
wij hebben zo op u gerekend!

Nee, zei de kerstman, nee,
ga maar weer verder met je damescomité.
Ga maar luiden met je klokken,
en maar ruisen met je rokken,
maar 'k kom niet meer beneden met de slee.
Nee, zei de kerstman, nee.

Er kwamen zeven heren in een vliegmachien,
dat was een comité met hoge hoeden.
Ze lieten een verzoekschrift aan de kerstman zien,
ze wilden ook nog wel z'n onkosten vergoeden.
Ze zeiden: Ach. Ze zeiden: Toe. Ze zeiden: Alstublieft.

Wij zijn toch zo gegriefd, wij zijn toch zo gegriefd.
U weet niet half wat u voor ons betekent,
wij hebben zo op u gerekend!

Nee, zei de kerstman, nee,
ga maar weer verder met je hele comité.
Ga maar luiden met je klokken
onder al die witte vlokken.
Steek je kaarsjes aan, maar ik doe niet meer mee.
Nee, zei de kerstman, nee.

De kerstman zat zo treurig op z'n sneeuwen bed…
Hij voelde zich zo koud en onbegrepen.
Toen kwam er een klein meisje op een autoped
in haar pyjamaatje met wit en roze strepen:
Als u niet komt, als u niet komt, dan doet ons hart zo zeer,
dan is 't geen Kerstmis meer, dan is 't geen Kerstmis meer.
We voelen ons zo vreselijk verlaten
en daarom kom ik met u praten…

Tja, zei de kerstman, tja…
Nou, ik denk er nog wel even over na.
Ik breng enkel nog wat treintjes
en wat poppen voor de kleintjes.
Nou, ik denk zo, dat ik nog wel even ga…
Ja, zei de kerstman, ja!

Er was eens een mannetje
HAN G. HOEKSTRA

Er was eens een mannetje dat was niet wijs,
dat bouwde zijn huisje al op het ijs.
Toen het zijn huisje had gebouwd,
ging het verheugd zijn pijpje roken.
Toen het zijn pijpje had gerookt,
dacht het: Wie moet mijn potje koken?

Er was eens een mannetje dat was niet wijs,
dat haalde een vrouwtje al op het ijs.
Het vrouwtje kookte een pot met snert,
ze namen tien volle borden elk.
Toen het op was, zei het mannetje:
'Nu nog een beker warme melk!'

Er was eens een mannetje dat was niet wijs,
dat haalde een koebeest al op het ijs.
Het huisje gebouwd, het pijpje gerookt,
koetje gemolken, potje gekookt.
'Kijk,' zei het mannetje na een tijd,
'nu nog een eitje aan 't ontbijt!'

Er was eens een mannetje dat was niet wijs,
dat haalde een kippenhok op het ijs.
Het huisje gebouwd, het pijpje gerookt,
koetje gemolken, potje gekookt,
eitje gepeuzeld. Het mannetje zei:
'Nu nog een stukje spek erbij!'

Er was eens een mannetje dat was niet wijs,
dat haalde een varken al op het ijs.
Het varken at zijn buikje rond.

Tenslotte woog het vijfhonderd pond.
Huisje gebouwd, pijpje gerookt,
koetje gemolken, potje gekookt,
eitje gepeuzeld: Krak-krak-krak!
Alles is door het ijs gezakt!

De vorst
HAN G. HOEKSTRA

Er was eens een mannetje dat was heel wijs.
Het bouwde zijn huisje niét op het ijs.

Als het dooien gaat, dacht hij, en 't gaat van krak-krak,
ben ik zo met mijn huisje door het ijs gezakt.

Maar hij bouwde zijn huisje wél aan het water,
want dat vond hij fijn, en ook leuk voor later.

Hij ging elke dag zwemmen of roeien of vissen,
want hij wou en hij wilde dat water niet missen.

'En toch,' zei het mannetje, 'als ik mocht kiezen,
het állerfijnste is als het gaat vriezen.

Een fiks wintertje met een strenge vorst,
en dan zwieren over die witte korst!'

Het mannetje is nu heel oud en grijs,
maar hij zit nog aan 't raam en hij kijkt nog naar 't ijs.

En als je voorbij komt en als hij je ziet
dan zwaait hij naar je, en hij geniet.

De maan loopt een eindje met ons mee

De maan loopt een eindje met ons mee
REMCO CAMPERT

'De maan loopt een eindje met ons mee',
zei ik tegen mijn moeder,
als ik 's avonds aan haar hand
wandelde door het vredige Den Haag.
Ik had speelgoedbeesten
en vriendelijke ooms.

Stad
WILLEM JAN OTTEN

De avond kruipt het huis in
en plotseling worden buiten
lichten aangedaan. Het waait,
de dingen van de kamer deinen
met de straatverlichting mee.

Een tafereel van vredigheid, maar
dat is schijn: bij de minste oogwenk
van een auto verschieten we van kleur.

O, die lammetjes
ANNIE M.G. SCHMIDT

Lammetjes moeten toch voor ze gaan slapen
altijd hun schoentjes en sokjes oprapen.
Kijk, en daar liggen ze weer in hun bedjes.
Nee, 't is niet netjes! Nee, 't is niet netjes!
Hier liggen borsteltjes, daar liggen kammetjes.
O, wat een slordige, slordige lammetjes.

Lammetjes mogen toch nimmer verzuimen
voor ze gaan slapen hun kast op te ruimen,
broekjes van onder en hemmetjes boven.
Zeg, en ze moeten hun vuurtje uitdoven,
maar in het kacheltje zie je nog vlammetjes...
O, wat een slordige, slordige lammetjes.

Lammetjes moesten toch eigenlijk weten
dat ze in bedje geen brood mogen eten.
Kijk, en de lammetjes hebben gemorst!
Hier liggen kruimels en daar ligt een korst;
overal zwerven de boterhammetjes...
O, wat een slordige, slordige lammetjes!

De Poedelman
ANNIE M.G. SCHMIDT

Dit is dan de Poedelman,
Ring-pingeling, daar komt ie an:
Zijn er hier nog kindertjes met vieze, vuile oren?
Een twee drie, daar gaat ie dan.
Vuile kinderen, hou 'k niet van,
ik was alle kindertjes van achteren en van voren.

Vader, moeder, geef maar op,
ik doe zusje wel in 't sop.
Hopla, zegt de Poedelman, jou stop ik in de tobbe.
Kijk, die groezelige Jan,
hopla, zegt de Poedelman,
nou maar eerst wat groene zeep en dan maar lekker schrobben.

Wat een handjes, wat een toet,
wat een teentjes, zwart als roet.
Dan komt kleine Bobbie met zijn ongepoetste tanden.
Geen gezeur en geen gehuil,
goeie help, wat ben jij vuil,
alle kinderen uit de buurt, die neem ik onder handen.

Ring-pingeling, daar gaat ie dan.
Hij gaat weg, de Poedelman.
Zijn nu alle kindertjes weer netjes en weer helder?
Weet je, ik geloof van niet..
Ik geloof, dat kleine Piet
stiekem weggekropen is, misschien wel in de kelder.

Denkend aan...
ED. HOORNIK

Wat zou mijn dochtertje vanavond doen?
Uit haar hoog raam over de stad uitkijken?
Of zittend op de vloer gedichten lezen?
Haar lange haren in de spiegel kammen?
Misschien een puistje op haar wang uitdrukken,
haar hoofdje scheef dat zij het goed kan zien?
Of in paniek de donkre trap afrennen,
een schoen verliezen en vooroverslaan?

Met de auto
LEENDERT WITVLIET

De motor raast, we glijden door het land,
een vrouw met rode schort
hangt wit wasgoed aan de lijn,
een meisje bij een hek streelt paarden,
een zwarte poes, net Lucifer, springt van een vensterbank.

Je wordt moe van niets, zo merk je,
en de sigaretten van je vader
ruik je achterin het meest.
Mag het raampje open?
Buiten zijn geel-groene weiden en verweg een wit spits kerkje.

's Avonds, zoveel later, vallen sterren op
vergeten dorpen en steden,
de meters bij het stuur zijn groen,
je moeder doet het binnenlampje aan
en zoekt naar pepermunt en drop.

Je kijkt naar plaatsen zonder namen
en je slaperige kop in de spiegels van de ramen.

's Avonds laat
ANNIE M.G. SCHMIDT

Wanneer het buiten donker wordt, dan komt de witte maan.
Dan worden in de huizen de gordijntjes dichtgedaan.
Dan slaapt de dikke timmerman, dan slaapt mevrouw Van Buren,
en al de kleine leeuwerikjes en de tureluren,
en al de zoete veulentjes die slapen bij hun moeder,
en al de kleine varkentjes en ook de varkenshoeder.
Dan slaapt het witte koetje en dan slaapt het zwarte hondje.
En al de kleine kindjes met hun vinger in hun mondje
en al de kippetjes zijn zo moe, zo moe van 't buiten spelen...
Dan komt dat gekke mannetje, dat de dromen uit moet delen.
En als het dan tien uren speelt, daar buiten op de toren,
dan droomt de dikke timmerman van beitelen en van boren.
Mevrouw Van Buren droomt gewoon van olie en azijn
en al de veulens dromen dat ze grote paarden zijn.
En al de kleine haantjes dromen dat ze kunnen kraaien
en dat ze blauwe staarten hebben, net als papegaaien.
De kleine eendjes dromen van het kroos en van het water
en al de leeuweriken dromen zo maar, over later.
Jazeker, als het klokkenspel tien uren heeft gespeeld,
dan heeft dat gekke mannetje al zijn dromen uitgedeeld.

Nog ééntje is er over, met veel roze en veel blauw.
Als jij vanavond slapen gaat, dan is die droom voor jou.

Knipoog
TED VAN LIESHOUT

Ik zie de wereld met een wakker oog
en een dat ligt te slapen.
Maar ben ik triest en zo alleen

want alle mensen zijn gemeen,
dan huilt en huilt van lieverlee
mijn andere oog gezellig mee.

Schuldig
THERA COPPENS

– zakdoekje leggen
niemand zeggen –

voor het venster
schijnt heimelijk
de maan

ik heb wat gepikt
maar ik zeg niks
en ik wil niet
dat ik me schaam.

Monoloog van een moeder
BIANCA STIGTER

Heb je pijn in je buik?
Dat komt van het chocolade eten
Ben je alleen?
Maar ik ben toch bij je
Heb je dorst?
Dan krijg je een glaasje water
Zit je kop vol?
Dat komt van het boeken lezen
Heb je het warm?
Dat komt omdat je met de kachel aan wilt slapen
Ben je bang?
Dat komt omdat het donker is
Mama doet het licht weer aan
zal je dan zoet slapen gaan

bang zijn in het donker
VALENTINE KALWIJ

bang zijn in het donker
is zo mal
als overdag
de straten gonzen
van verkeer
je ziet weer al
de anderen
er is gelach
gepraat
gekibbel en
de buitenkant van dingen
zo nadrukkelijk aanwezig
waar je kijkt is licht

overdag is er geen plaats
voor donkere geheimen
die onder uit de kast
de nacht insluipen
uit plooien van de
inktzwarte gordijnen
sluipen eeuwenoude
angsten
over

nee, het is om de dooie dood
niet onverstandig
om diep te slapen
's nachts

Barlemanje
MARTEN TOONDER

't Was grol en gloei
           En slomig broei
In lure, slore stirren.
Het was sar stomig in mijn krol,
Daar stonk een kwalm van schit en brol,
Er sloomden glome knirren.

Ik trok geen moen
           En zoog geen droen,
'k Was grollig, daar mijn kleddel
De vale walm had ingewigd
En norksig drielde naar de schicht,
Die wijlde in de peddel.

Nu dralleboort
           Een vuurgaljoort
En knaspert door de klijven.
't Is of er stolen glomen gaan
En moenen in de krolle slaan
En stoffe stekkels stijven.

Nu gaar ik kwas
           En werp ik stras,
Nu is de moen gevangen.
Ik trek een gloederige sproet,
(Als kwalmerige peddel doet)
En droen dralt door de prangen.

Avondbloemen
PIERRE KEMP

De bloemen zijn met te velen tegen mij.
Zij komen maar nader en worden te nabij.
Er is nauw plaats meer in mijn ogen
voor al die gele bogen
en al die witte schijven
moeten nu buiten blijven.
't Is al zo donker en ik beken
dat ik in de avond bang voor witte bloemen ben.

Spoken in het kasteel
ANNIE M.G. SCHMIDT

Er staat een kasteel
in Hoenderadeel,
waar spoken zitten.
Soms zijn het er weinig
en dan weer veel,
maar altijd witte.

Soms hoor je ze kermen, soms hoor je ze kreunen,
soms zie je ze tegen een manestraal leunen,
daarginds bij het vijvertje naast de liguster,
en dan zegt de boswachter tegen z'n zuster:
Neel,
het spookt weer op 't kasteel.

Maar eens per kwartaal
gaan ze allemaal
(zo vertelt de gravin)
spontaan uit zich zelf
om kwart over elf
de wasmand in.

En de stoomwasserij
komt per auto voorbij

om de mand te halen.
En de volgende nacht
wordt hij thuisgebracht;
de gravin moet betalen.

En dan hoor je ze 's avonds weer kreunen en piepen.
Je ziet ze weer fladderen tussen de iepen,
daarginds bij het vijvertje naast de liguster,
en dan zegt de boswachter tegen z'n zuster:
Neel,
het zijn er weel veel.
En dan zegt zijn zuster bitter:
Ja, en ze zijn wéér witter.

Met mijn kwantorslag
JO GOVAERTS

Met mijn kwantorslag
en mijn indwenloopje
kan ik ze wel verslaan.

Ik ben sterker
dan de zwebongbeesten
en niet bang.

Ik ben niet bang.

De ridder van Vogelenzang
ANNIE M.G. SCHMIDT

Er leefde een ridder in Vogelenzang,
al heel lang geleden, verschrikkelijk lang,
die draken versloeg voor een roos en een zoen,
zoals men dat nu nog maar zelden ziet doen.
Die dappere ridder van Vogelenzang!
Maar 's avonds in 't donker dan was hij zo bang!

Dan lag hij te beven tot kwart over zeven,
want altijd in 't donker dan hoorde hij leven!
En iedere nacht, om zijn angst kwijt te raken,
probeerde hij vrolijke rijmpjes te maken,
en telkens begon hij van voren af aan:
Wat heb ik vandaag voor heldhaftigs gedaan?
Vijf draken verslagen,
één jonkvrouw gered!
Waarom lig ik dan zo
te rillen in bed?

En prompt overdag, als de hemel ging klaren,
versloeg hij weer draken, of 't kevertjes waren,
die dappere ridder van Vogelenzang.
Maar 's avonds in 't donker dan werd hij weer bang.

Dan ging hij weer rijmen van voren af aan:
Wat heb ik vandaag voor pleizierigs gedaan?
Mijn paard opgetuigd
en mijn helm ingevet,
mijn vrouw toegeknikt
toen ze thee heeft gezet.
Waarom lig ik dan zo
te trillen in bed?

Om één uur des nachts werd het meestal te bar!
Dan raakte die ridder totaal in de war!
Dan jankte hij zachtjes, bij ieder geluid
en lag maar te prevelen, stil voor zich uit:
Eén jonkvrouw verslagen,
vijf draken gered...
maar zeg ik het goed?
Nee, het lijkent wel pet!
Mijn vrouw afgetuigd
en mijn paard ingevet...
een draak toegeknikt toen hij thee had gezet...
Ik weet het niet meer en ik hoor weer geluid...
'k Ben bang in het donker!
Wie haalt me d'r uit?
   Moederrrrr!

Er was er eens een aapje
  IENNE BIEMANS

Er was er eens een aapje.
Zijn oogjes waren blauw.
Hij woonde in de bergen
al met een mooie vrouw.
hij zei haar goeiemorgen
hij zei haar goeienacht
hij zei: maak je geen zorgen
en:
lieveling, slaap zacht.

Er was er eens een mooie vrouw
ze heette Willemien.
Als je haar vraagt: pardon, mevrouw,
heeft u mijn aap gezien?
Dan zegt ze goeiemorgen
dan zegt ze goeienacht
of: maak je maar geen zorgen
of:
lieveling, slaap zacht.

Berceuse nr. 2
  PAUL VAN OSTAIJEN

Slaap als een reus
slaap als een roos
slaap als een reus van een roos
    reuzeke
    rozeke
    zoetekoeksdozeke
doe de deur dicht van de doos
Ik slaap

de regen fluit langs de ramen
HANS LODEIZEN

de regen fluit langs de ramen
o luister toch kindertjes
de regen aait de ramen
de draaimolen gaat fluitend
beginnen een lied langs de ramen
o luister toch kindertjes

o op een bed van rozen
o in het tedere bed van de wind
in het draagbare bed van een zieke
en rond het middel van de nacht
o luister toch kindertjes
de regen fluit langs de ramen

zo heeft zij mij teruggevonden
de nacht zonder einde
en zie je niet dat ik glimlach
en hoor je dan niet dat ik lach
de regen zingt in de ramen
o luister toch kindertjes
de regen loopt in de wind.

Ubbeltje van de bakker wil niet slapen gaan
ANNIE M.G. SCHMIDT

De kindertjes moeten slapen gaan al in hun ledikant,
Klaas Vaak komt op z'n tenen aan en strooit een handvol zand,
en dan doen alle kindertjes meteen hun oogjes dicht,
Klaas Vaak gaat op z'n tenen weg en draait aan het knopje van 't licht.

Maar wie ligt daar wakker?
Ubbeltje van de bakker.

Dat kan toch niet, dat mag toch niet, wat is er toch aan de hand?
Klaas Vaak strooit hele handen vol en bergen vol met zand,
hij heeft nog nooit zo iets beleefd, nog nooit, nog nooit, nog nooit!
Hij heeft z'n hele zak met zand al over haar heen gestrooid.

Maar Ubbeltje van de bakker
blijft wakker!

Dan zingt Klaas Vaak een wiegeliedje: Suja, suja doe...
Maar of hij nu al liedjes zingt, die oogjes gaan niet toe.
Die Ubbeltje, ze trekt er zich geen sikkepit van an.
Daar zit ze midden in dat zand en maakt er taartjes van.

En blijft maar wakker
Ubbeltje van de bakker.

Daar zit ze midden in het zand, het komt tot aan haar nek.
Dan zegt Klaas Vaak: Wat denk je wel? Ik zit hier niet voor gek!
Wanneer jij niet wilt slapen, wel, dan laat ik jou alleen,
dan ga ik maar, dan ga ik maar, dan ga ik nu maar heen.

Blijf dan maar wakker
Ubbeltje van de bakker!

Daar gaat hij, o daar gaat hij, tjee, daar gaat hij werkelijk weg!
Maar dat is toch verschrikkelijk, verschrikkelijk is dat, zeg!
Als kindertjes niet slapen en altijd wakker zijn,
dan worden kindertjes niet groot, dan blijven ze altijd klein.

Blijft Ubbeltje van de bakker
nou altijd wakker?

En zal ze nooit meer slapen gaan en nooit meer kunnen dromen?
Of... zou Klaas Vaak nog wel een keertje bij haar willen komen...?

Wat denk je?

Liedje
HANS ANDREUS

Alle roekoemeisjes
van vanavond
alle toedoemeisjes
van vannacht
wat zeggen we daar nu wel van?

Niets.
We laten ze maar zitten
maar zitten maar liggen maar slapen
maar dromen van jajaja.

De wim-wam reus
ANNIE M.G. SCHMIDT

In de wilde zwarte bossen woont de wim-wam reus
met de wim-wam oren
en de wim-wam neus.
's Avonds loopt hij daar te darren in de maneschijn
en als hier de kleine kindertjes ondeugend zijn,
kan die reus dat altijd horen
met zijn wim-wam oren,
en als jij niet naar je bedje wil, 't is heus, heus, heus,
kan die reus dat altijd ruiken met zijn wim-wam neus.

En dan komt hij naar beneden op zijn wim-wam paard
met de wim-wam poten en de wim-wam staart,
dwars door alle wilde bossen in galop lop lop,
over honderdduizend heuveltjes van hop hop hop
springt het over alle sloten
met z'n wim-wam poten,
springt het over alle sloten met een griezelige vaart
en maar zwaaien en maar zwaaien met zijn wim-wam staart!

Pas maar op, pas maar op! voor de wim-wam reus
met de wim-wam oren en de wim-wam neus,
want als *jij* niet naar je bedje wil en *jij* bent stout,
geeft die reus je op je bibs met een lang eind hout!
    En geeneens gewoon hout...
    Nee, nee!
    Wim-wam hout!

Stekelvarkentjes wiegelied
ANNIE M.G. SCHMIDT

Suja suja Prikkeltje, daar buiten schijnt de maan,
je bent een stekelvarkentje, maar trek het je niet aan,
je bent een stekelvarkentje, dat heb je al begrepen.
De leeuwen hebben manen en de tijgers hebben strepen
en onze tante eekhoorn heeft een roje wollen staart,
maar jij hebt allemaal stekeltjes en dát is zoveel waard.
Slaap, mijn kleine Prikkeltje, dan word je groot en dik,
dan word je net zo'n stekelvarken als je pa en ik.
Het olifantje heeft een slurf, de beren hebben klauwen,
de papegaai heeft veren, van die groene, van die blauwe,
en onze oom giraffe heeft een héle lange nek,
maar jij hebt allemaal stekeltjes en dat is ook niet gek,
Suja suja Prikkeltje, het is al vreselijk laat,
je bent het mooiste stekelvarken, dat er maar bestaat,
de poezen hebben snorren en daar kunnen ze door spinnen,
de koeien hebben horens en de vissen hebben vinnen,
en onze neef, de otter, heeft een bruinfluwelen jas,
maar jij hebt allemaal stekeltjes, die komen nog te pas.

Van binnen pratend hoofd
HANS ANDREUS

Als het stil wordt in de nacht
en je hoort de dingen bijna praten,
dan hoor je ook hoe je eigen hoofd
nog lang niet, nog lang niet wil slapen,

want binnenin zichzelf, dan praat
het dóór, over vandaag en morgen:
wanneer je op vakantie gaat
en wie er dan voor de hond moet zorgen;

het vertelt je een paar van je gekste moppen,
maar die kende je al en je lacht èr niet om,
het vraagt je of je 'n miljoen zou gappen
als dat zomaar es even kon,

en of als je doodgaat als je heel oud bent,
je dan niks meer voelt of dat je 't maar koud hebt, –
en dan gaat dat hoofd van binnen
maar gauw over iets anders beginnen,

terwijl het je nóóit eens slapen laat
(trouwens, het zegt van zichzelf al: Raar,
raar, nietwaar, zo'n hoofd dat maar
in je praat en praat.).

vader die mij leven liet
NEELTJE MARIA MIN

vader die mij leven liet
in een onbegrensd gebied
en het schelpje dat ik vond
noemde een versteende vis,
is, wat nooit een ander is,
is een warme arm die rond
mijn vermoeide schouders ligt,
is een hart tot mij gericht.

Ziek en moe naar mijn bedje gebracht
HENDRIK DE VRIES

Ziek en moe naar mijn bedje gebracht,
Schrok ik wakker, diep in de nacht,
Nam van de tafel 't lampje in de hand,
Zette 't weer weg: 't was al uitgebrand;
Liep naar beneden, door niemand gezien.

Waar ik bij dag soms gasten bedien,
Schalen en schotels aan moet reiken,
Zitten zwarten die rovers of duivels lijken,
Poken, rakelen en rumoeren,
Schuiven gerei op geboende vloeren.

Dan wordt het stil; het gaat buiten sneeuwen.
Als ik dorst fluisteren, gillen of schreeuwen,
Zouden de wolven, beren, tijgers en leeuwen
Die voor de trap liggen te loeren
Zich zeker verroeren.

Slaapliedje
WILLEM WILMINK

Het schaap heeft slaap,
de koe is moe,
het varken doet
zijn oogjes toe.

Het paard kijkt over
't prikkeldraad
en denkt: Het is
ontzettend laat.

De kip zegt zacht
nog één keer: Tok.
En ach, dan slaapt ze
op haar stok.

De boer kruipt ook
het bed maar in,
lekker dicht
bij zijn boerin.

Slaapt, slaapt, kindje slaapt
GUIDO GEZELLE

Slaapt, slaapt, kindje slaapt,
en doet uwe oogskes toe,
die pinkelende winkelende oogskes daar,
'k ben 't wiegen al zo moe:
'k en kan u niet meer wiegen,
'k en ga u niet meer wiegen,
slaapt, slaapt, toe!
g' Hebt uw hert – en uw mondje voldaan,
g' hebt al uw krinkelde krulletjes aan,
ach en 'k en kan van uw wiegske niet gaan:
slaapt, slaapt, toe!

Kindersproke
MARIE BODDAERT

Nacht is niet boos... Als hij komt, de nacht,
    maakt hij de hemel open,
en veel sterren en sterretjes komen zacht
    op gouden voetjes gelopen.
Zij zijn nieuwsgierig, en naar benee'
    zouden ze heel graag komen;
maar ze zijn bang voor de grote zee
    en voor de hoge bomen.

't Is boven óók donker... maar *zij* hebben licht.
    De zon gaf ze allemaal lichtjes,
voordat hij naar bed ging; die houden ze dicht
    bij hun gouden sterregezichtjes.
Zij kijken, en lachen, en knikken goenacht,
    en zeggen: 'Je moet gauw gaan slapen.'
Zij worden eerst naar bed gebracht,
    als de zon heeft uitgeslapen.

Ze wand'len boven de ganse nacht
    op hun kleine blote voetjes.
Dat doet geen pijn... de wolken zijn zacht,
    en ze gaan ook maar zoetjes, zoetjes.
Ze mogen nóóit leven maken; dat zou
    de moede mensen hinderen...
'k Geloof niet, dat *ik* ze horen zou;
    maar er zijn ook *zieke* kinderen.

'k Zou heel graag eens naar boven gaan,
    als 'k wist hoe daar te komen...,
– Vogels hebben vleugels aan,
    die vliegen boven de bomen.
Bouwen ze boven ook hun nest?
    Of zou hun dat niet bevallen?...
En lopen je altijd alleen? – Je zoudt best
    uit je open huis kunnen vallen!

Hebben je boven ook een tuin,
    en bloemen... en kersen... en bijen,
– Die brommen zo! – en een hoge duin,
    waar je op en af kunt rijen?
En je moeders handen, zijn ze ook zo zacht,
    als ze je 's morgens komt wassen,
en de zeep zo schuimt en een watervracht
    over je rug komt plassen?

In *mijn* bos woont een nachtegaal...
    Hebben je kleine musjes,
die je voeren kunt? – Zijn je allemaal
    broertjes... Broertjes en zusjes?
Ik krijg er haast ook een, het bedje staat klaar...
    Hebben jullie allemaal bedjes?
Maar waar staan ze dan, ik zie er geen... Waar?
    'k Hou 't mijne nu altijd netjes.

Twee, tien, twintig... altijd meer
    komen je aangelopen...
In mijn ogen strooien je prikkeltjes neer...
    Ik hou ze niet meer open!
Tien, zes, honderd... Ik ben te moe
    om je allemaal te tellen...
Als ik wakker word, is de hemel toe...
    en 'k wou nog zó veel vertellen...

Carrousel
JAC. VAN HATTUM

Het kind rijdt op zijn hobbelpaard,
een schimmel met een vlassen staart.
De moeder, op haar hobbelkoe,
rijdt met haar kind naar oma toe.
En vader, op zijn hobbel-os,
trekt voor hen uit door 't wilde bos.
– Dit al geschiedt, versta dat wel,
op 't dorpsplein, in een carrousel. –
Ziet, hoe het windje straffer waait,
naar dat de mallemolen draait,
En al de boeren in het rond,
die zien het aan met open mond.
Het gaat maar door in dolle vaart,
op -os en -koe en hobbelpaard.
's Nachts maakt het kind nog eens de reis
en neuriet zacht een orgelwijs.
Doch heel diep in het groene bos
jankt luid de rode hobbelvos.

Kinderangst
GERRIT ACHTERBERG

Ik durfde niet omzien, doch wist dat het er was:
een witte heks voor het vensterglas.

Nachten genoeg, dat je haar niet ziet,
maar juist als je bang bent, zij je ziet.

Ik lig met mijn rug naar het raam, zij kan
niet zien wat ik denk, maar ik voel een vlam

steken van angst in mijn rug, o dat
iemand mijn mond openriep, want dat

een witte heks voor het venster danst,
achter de angst van mijn hart verschanst,

die mij met tintelend tarten verraadt
aan de maan, waarmee zij te lachen staat.

Toen ik een kleine jongen was
J.C. NOORDSTAR

Toen ik een kleine jongen was
ging ik 's avonds liggen tussen de koude lakens.
Mijn bed was groot en wijd als de wereldzee,
daar lag ik lekker als een opgerolde slak.
Maar later werd mijn lichaam groter en harder,
en wanneer ik nu mijn benen strek
dan slaat mijn harde hoofd tegen de planken.
O, ja wanneer je groter wordt
stoot je je hoofd tegen de beddeplank.

Dat had je gedroomd
KAREL EYKMAN

Als ik vannacht ga dromen,
zou jij er dan in voor willen komen,
in mijn dromen?

Dan ga ik vanavond vroeg naar bed
en als ik in bed jouw pet opzet,
dan droom ik dat ik jou ben
en jij mij.

Als jij vannacht gaat dromen
zou ik er dan in voor mogen komen,
in jouw dromen?

Dan ga je vanavond vroeg naar bed
en als je in bed mijn hoed opzet
dan droom je dat je mij bent
en ik jij.

Als wij vannacht gaan dromen,
zullen we dan bij elkaar gaan komen
in onze dromen?

Dan droom jij van cola en ik van koek.
Ik kom met de koek bij jou op bezoek.
Zo maken we dan samen
één partij!

Fantaseren
ARMAND VAN ASSCHE

's Avonds in bed, mijn broer en ik,
nog klaar wakker, fantaseren we
om het meest en om het gekst
tot de trappen ervan kraken
en het licht aanflitst.

De sterren, zeg ik,
zijn de witte balschoentjes van de engelen

of de suikermuisjes
op een grote verjaardagstaart

of nog...

maar dan zet mijn broer in
met zijn bazige stem:
doe niet zo gek,
de sterren, dat zijn grote,
grote vuurbollen die we eerst zien
als ze allang uitgedoofd zijn,
ontploft in duizend stukken!

Bij zijn fantasie
kan ik het nooit halen!

De laatste trein
HARRIET LAUREY

De lichten zijn overal uitgedaan.
Mensen en dieren zijn slapen gegaan,
behalve het paard in de Spoorweg-laan.
Het staat in het gras van de nacht.
Het staat in het donker en wacht.

Luister, daar komt nog een trein voorbij,
over de spoordijk, vlak achter de wei.
De machinist knikt al, en mindert vaart.
Hij leunt wat naar buiten en roept: Dag paard!
Hij zwaait met zijn pet en hij lacht.

En dáár heeft het paard op gewacht.

Paardje
MIES BOUHUYS

Door de zwarte lanen loopt mijn witte paard
Sterren in zijn manen, maanlicht in zijn staart.
Paardje, paardje, paardje, neem me met je mee.
Rijd me door het donker naar de grote zee.

Paardje, als je stilstaat waar het water blinkt,
zoek me dan een schelpje waar de zee in zingt.
Paardje, paardje, paardje, neem me met je mee.
Rijd me door het donker naar de grote zee.

Paardje, leg dat schelpje op mijn kussen neer.
't Is om te bewaren, honderd jaar en meer.
Paardje, paardje, paardje, neem me met je mee.
Rijd me door het donker naar de grote zee.

Water bij dag en bij nacht
RUTGER KOPLAND

Bij dag is het water iets lichter
groen dan de bossen, iets lichter
blauw dan de hemel, iets lichter
dan je wilt zeggen, dat is water.

De maan rijst, het water is zwarter
dan de bossen die grijs zijn, zwarter
dan de hemel die grijs is. De maan
daalt in het water, zilveren
gulden in spaarpot van dichter.

Wolken schuiven voor de maan
en alles is weg.

Landschap bij nacht
REMCO EKKERS

Bijna zonder bomen
lichte donkerte.
De halve maan
boven boerderijen
af en toe lampen
duisternis.
Nevel boven de grond.
Heel zachte geluiden
tot aan de horizon.

Melopee
PAUL VAN OSTAIJEN

Voor Gaston Burssens

Onder de maan schuift de lange rivier
Over de lange rivier schuift moede de maan
Onder de maan op de lange rivier schuift de kano naar zee.

Langs het hoogriet
langs de laagwei
schuift de kano naar zee
schuift met de schuivende maan de kano naar zee
Zo zijn ze gezellen naar zee de kano de maan en de man
Waarom schuiven de maan en de man getweeën gedwee naar de zee

De zevenster
MARGOT VOS

Zeven kleine sterretjes
   Dorsten niet allene
Door het grote zwarte veld
   Van de hemel henen.

't Wolkenpad dat was zo smal
   En het was zo duister;
En ze hoorden overal
   Zacht en vreemd gefluister.

'Laat ons liever samen gaan,'
   Zei één van de zeven,
'Dicht tegen elkander aan;
   Wij zijn toch ook neven.'

En de tweede zei: 'Gewis,
   Samen zijn we dapper;
Maar dit kleintje zie, dat is
   Niet zo'n sterke stapper.'

'Dan moet die in 't midden staan,'
   Zei de grootste sterre;
'En dan gaan we zoetjes aan
   En niet al te verre.'

En ze kropen bij elkaar
   Met de kopjes, zeven
Kleine blonde scharrelaars
   Die nu dapper zweven.

Als je 's avonds buiten komt
   Kun je ze zien wand'len:
De gezichtjes blij en rond,
   Blank als rijpe amand'len.

Polonaise
PAUL VAN OSTAIJEN

Ik zag Cecilia komen
op een zomernacht
twee oren om te horen
twee ogen om te zien
twee handen om te grijpen
en verre vingers tien
    Ik zag Cecilia komen
    op een zomernacht
        aan haar rechterhand is Hansje
        aan haar linkerhand is Grietje
            Hansje heeft een rozekransje
            Grietje een vergeet-mij-nietje
                de menseëter heeft ze niet gegeten
                ik heb ze niet vergeten
                    ei ei ik en gij
                    de ezel speelt schalmei
voor Hansje en voor Grietje
Hansje met zijn rozekransje
Grietje met haar vergeet-mij-nietje
zijn langs de sterren gegaan
        Venus is van koper
        de andere zijn goedkoper
        de andere zijn van blik
        en van safraan
        is Janneke-maan
                Twee oren om te horen
                twee ogen om te zien
Twee handen in het lege
en verre vingers tien

Verantwoording

In dit boek staan 365 gedichten van Nederlandse en Vlaamse auteurs die voor kinderen of voor volwassenen hebben geschreven en soms voor allebei. Het merendeel van de gedichten is van na 1945. Alleen als een gedicht van voor dat jaar om de een of andere reden onmisbaar werd geacht, hebben we het toch opgenomen; bijvoorbeeld omdat het zo goed bij een later gedicht paste of daar juist tegen inging.

Als je goed om je heen kijkt is geen historisch overzicht; bij de keuze van de gedichten volgden we onze eigen voorkeur. Bijna de helft van het opgenomene is niet speciaal voor kinderen geschreven, maar we denken dat de jongsten al veel uit het boek kan worden voorgelezen, oudere kinderen zullen hun eigen gedichten zoeken en volwassenen die geen poëzie lezen zullen wellicht ontdekken dat poëzie niet 'moeilijk' hoeft te zijn. Elk gedicht heeft een eigen verhaal: spannend, mooi, droevig of grappig. Het geeft niet dat er in een gedicht wel eens een moeilijk woord voorkomt; het kan ook door de klank pakken en geheimzinnige woorden kunnen nieuwsgierig maken. Wat ons voor ogen stond was een bloemlezing die je, hoe oud je ook wordt, altijd kunt blijven lezen. De gedichten zijn zo gerangschikt dat ze samen de loop van een dag, een jaar of een leven suggereren. Binnen de negen afdelingen zijn gedichten over een bepaald onderwerp bijeengebracht; ze vullen elkaar aan en spreken elkaar tegen.

Om de bundel goed toegankelijk te maken zijn bij de bronvermelding de pagina's van de opgenomen gedichten vermeld. Meer over de auteurs en de illustratoren is te vinden in de bio-bibliografietjes, waarin ook vermeld staat waar de gedichten van de desbetreffende auteurs in deze bundel staan. Tenslotte is er een register op titel én op eerste regel.

Voorzover nodig zijn de gedichten herspeld; alleen waar dat voor de klank en/of het ritme nodig was, is de buigings-n gehandhaafd.

De titel van de bloemlezing is een gedicht van K. Schippers. Het heet 'De ontdekking'. Bij de ontdekking van de wereld en van de woorden biedt dit boek zijn diensten aan.

Voor de elfde druk zijn de bio-bibliografietjes ('Wie is wie?') tot 2006 bijgewerkt.

Gedichten voor hele jonge kinderen hebben wij niet in dit boek opgenomen. Die staan in *Ik geef je niet voor een kaperschip / Met tweehonderd witte zeilen. 333 gedichten en gedichtjes, rijmen en rijmpjes van nu en vroeger voor heel jong en ouder*. Deze bloemlezing verscheen in 1993.

Tine van Buul en Bianca Stigter
november 2006

Wie is wie?

BERTUS AAFJES (1914-1993) werd in 1946 bekend door zijn omvangrijke gedicht *Een voetreis naar Rome*. Hij was journalist en schreef novellen, gedichten, reisboeken en kinderboeken. In 1980 verscheen *Rijmpjes en versjes uit de vrolijke doos*, in 1990 *Verzamelde gedichten*.
Op blz. 146.

S. ABRAMSZ (1867-1924) was onderwijzer en redacteur van onder meer *Voor het Jonge Volkje*. Hij werd bekend door zijn verzameling oude kinderrijmpjes *Rijmpjes en versjes uit de oude doos* (1910).
Op blz. 87.

GERRIT ACHTERBERG (1905-1962) schreef uitsluitend poëzie. Hij geldt als een van de grootste Nederlandse dichters van de twintigste eeuw. In 1963 verschenen zijn *Verzamelde gedichten*.
Op blz. 199.

ANNELIES ALEWIJNSE (geboren in 1961) kreeg haar opleiding aan de Academie Minerva te Groningen. Vanaf 1984 exposeerde zij regelmatig. Zij illustreerde onder andere Anne Vegters dichtbundel *Het veerde* (1991).
Op blz. 23 en 123.

HANS ANDREUS (1926-1977) schreef poëzie en proza. Als dichter behoorde hij tot, maar onderscheidde hij zich ook van de Vijftigers. Hij publiceerde tussen 1951 en 1976 talloze bundels, die later werden opgenomen in *Verzamelde gedichten* (1983). Andreus schreef ook veel voor kinderen, gedichten en proza, waaronder vier boeken over Meester Pompelmoes.
Op blz. 26, 29, 66, 72, 79, 87, 95, 123, 147, 154, 194 en 196.

ROBERT ANKER (geboren in 1946) schrijft poëzie en proza. Het in deze bundel opgenomen gedichtje is het enige dat hij speciaal voor jongeren heeft geschreven. Zijn roman *Een soort Engeland* werd in 2002 bekroond met de Libris Literatuur Prijs.
Op blz. 120.

JAN ARENDS (1925-1974) schreef proza, waaronder het korte en bizarre *Keefman* (1971) en diverse bundels gedichten. In 1984 verscheen zijn *Verzameld werk*.
Op blz. 57.

ARMAND VAN ASSCHE (1940-1990) was docent Germaanse talen aan de universiteit van Leuven. Als dichter voor kinderen debuteerde hij in 1978 met *De zee is een orkest*, waarvoor hij in 1982 de Prijs voor Jeugdliteratuur van de stad Antwerpen kreeg. In 1984 verscheen *Haartjes op mijn arm*.
Op blz. 114 en 200.

GERRIT BAKKER (geboren in 1939) gaf enkele geïllustreerde dichtbundeltjes uit in eigen beheer; in 1966 verscheen de gedichtenbundel *De menselijke natuur* en in 1975 *Ommekeer*.
Op blz. 72, 87 en 92.

F. L. BASTET (geboren in 1926) studeerde klassieke letteren en archeologie. Hij schreef poëzie en proza, waaronder de vijfdelige serie over archeologie 'Wandelingen door de antieke wereld' en de grote biografie *Louis Couperus* (1987). Hij is bekroond met de P.C. Hooftprijs 2005.
Op blz. 39.

GERARD BERENDS (geboren in 1946) schrijft vooral gedichten en verhalen voor kinderen. De bundel *Waaien, hard waaien* verscheen in 1990 met

illustraties van Marianne Sligting. In 2004 verscheen de verhalenbundel *Zokken met de Z van Zondag*.
Op blz. 167.

J. BERNLEF (schuilnaam van Hendrik Jan Marsman, geboren in 1937) is dichter, essayist, proza- en toneelschrijver. Hij was medeoprichter van het tijdschrift *Barbarber*. Als dichter debuteerde hij in 1960 met *Kokkels*. Zijn poëzievertalingen zijn gebundeld in *Alfabet op de rug gezien* (1995), zijn eigen gedichten in *Achter de rug* (1997). Zijn bekendste roman is *Hersenschimmen* (1984). Hij ontving onder andere de P.C. Hooftprijs, de Constantijn Huygensprijs en de AKO Literatuurprijs.
Op blz. 22 en 168.

JOEP BERTRAMS (geboren in 1946) kreeg een Zilveren Penseel voor de tekeningen in *Salamanders vangen* (1985) van Wiel Kusters, en een tweede voor zijn eigen boek *Johan Edelgans* (1988). In 1994 maakte hij, zich baserend op gedichten van Wiel Kusters, een kleurig prentenboek: *Een beroemde drummer*. Hij is ook bekend door zijn politieke tekeningen.
Op blz. 21, 35, 43, 57, 67, 112, 135, 161 en 163.

IENNE BIEMANS (geboren in 1944) schrijft gedichten voor jonge kinderen. Bekroond werden haar bundels *Lang zul je leven* (1988, Nienke van Hichtumprijs 1989) en *Ik was de zee* (1989, Zilveren Griffel).
Op blz. 17, 25, 68, 75, 86, 87, 115, 130, 157, 169, 170, 173 en 192.

WIM BIJMOER (1914-2000) was de eerste illustrator van Annie M.G. Schmidt; hij maakte de plaatjes bij de kinderversjes in *Het Parool* en debuteerde evenals zij met *Het fluitketeltje* (1950) waarna nog vele boeken volgden, zoals *Abeltje* en *De A van Abeltje*. Bijmoer werkte ook als kostuum- en decorontwerper voor het podium en de tv.
Op blz. 29, 89, 126, 139, 142 en 148.

MARIE BODDAERT (voluit Maria Agatha Muntz Gelderman, geboren jonkvrouw Boddaert, 1844-1914) was dichteres, maar werd vooral bekend door kinderboeken als *Sturmfels* (1884) en *Roswitha* (1909).
Op blz. 198.

JAN BOERSTOEL (geboren in 1944) is tekstschrijver, onder andere voor radio, televisie en veel cabaretiers. In *Last van goeie raad* (1984) staan zijn kinderliedjes van 1973 tot 1984. *Veel werk* (2000) is een chronologisch overzicht van al z'n gedichten en liedjes.
Op blz. 140.

GODFRIED BOMANS (1913-1971) was een van de populairste schrijvers van Nederland. Hij schreef sprookjes, verhalen, fantasieën en beschouwingen, bijna alle humoristisch van karakter. Bekende boeken van hem zijn *Erik of het klein insectenboek* (1941) en *De avonturen van Pa Pinkelman* (1952). Tussen 1996 en 1999 verschenen zeven delen *Verzamelde Werken*.
Op blz. 151.

MARGA BOSCH VAN DRAKESTEIN (geboren in 1912) heeft altijd getekend en versjes gemaakt. Ze schreef onder andere in *Elsevier* en *Het kinder-kompas* en publiceerde een dichtbundel met eigen illustraties, *Het heksenketeltje*. Ook de versjes in dit boek zijn door haarzelf geïllustreerd.
Op blz. 41 en 171.

MIES BOUHUYS (geboren in 1927) debuteerde in 1948 met de verzenbundel *Ariadne op Naxos*. Ze schreef gedichten voor volwassenen en voor kinderen. Voor kinderen schreef ze ook toneelwerk en proza, waaronder de verhalen over de poezen Pim en Pom en *Het geheim van Toermalijn*. In *Voetje van de vloer* (2002) bundelde ze haar beste verhalen en versjes.
Op blz. 59, 104, 113 en 201.

GERARD BRANDS (schuilnaam van Gerard Bron, geboren in 1934) is schrijver, journalist en medeoprichter van het tijdschrift voor teksten *Barbarber*. Brands schrijft vaak over dieren, bijvoorbeeld in *Padden verhuizen niet graag* (1978) en *Het schaap in de luie stoel* (1980). Stukjes over wonderlijke, griezelige en wetenswaardige dingen zijn verzameld in *Allemaal*

bedrog (1992, Zilveren Griffel). Zijn mooie dagboek over een eendenkuiken, *Bolletje* (1988), werd geïllustreerd door Peter Vos.
Op blz. 20.

MARTIN BRIL (geboren in 1959) is een van Nederlands meest gewaardeerde columnisten. Zijn stukken zijn onder meer gebundeld in *Stadsogen* (1999). Hij schrijft verhalen over Evelien en publiceerde het kinderboek *De avonturen van Max en Vera* (2004).
Op blz. 59 en 83.

C. BUDDINGH' (1918-1985) schreef proza en poëzie, over alledaagse gebeurtenissen en over onalledaagse, zelfbedachte dieren. Zijn eerste verzenbundel verscheen in 1941 (*Het geïrriteerde lied*). Zijn belangrijkste gedichten zijn verzameld in de omvangrijke bundel *Gedichten 1938/1970* (1971). Aan proza schreef hij onder meer *De avonturen van Bazip Zeehok* (1969) en *Daar ga je, Deibel* (1975).
Op blz. 22, 35, 43, 46, 53 en 178.

TINE VAN BUUL (geboren in 1919) was tot haar pensionering directeur van uitgeverij Querido. Samenstelster van Annie M. G. Schmidt *Een visje bij de thee*, een keuze uit de gedichten en verhalen voor kinderen (1983). Bezorgde samen met Reinold Kuipers onder andere Annie M. G. Schmidt *Ziezo, de 347 kinderversjes*. Met Bianca Stigter samenstelster van dit boek en van de in 1993 verschenen bloemlezing poëzie voor de allerjongsten, *Ik geef je niet voor een kaperschip / Met tweehonderd witte zeilen*. Zij werd in 1996 bekroond met de G. H. 's-Gravensandeprijs.

REMCO CAMPERT (geboren in 1929) behoorde als dichter tot de Vijftigers. Zijn eerste poëziebundel, *Vogels vliegen toch*, verscheen in 1951. Hij schreef vanaf 1955 ook proza, onder andere *Het leven is vurrukkuluk*. Schreef afwisselend met Jan Mulder een dagelijkse column voor *de Volkskrant* die jaarlijks werden gebundeld. Campert schreef in 1996 een kinderboek, *Oom boos-kusje en de kinderen*. Hij werd onder meer bekroond met de P. C. Hooftprijs voor poëzie.
Op blz. 167 en 185.

J. B. CHARLES (schuilnaam van Hendrik Willem Nagel, 1910-1983) was schrijver, dichter, essayist en criminoloog. Zijn bekendste boek is *Volg het spoor terug*, een autobiografische bespiegeling over de tweede wereldoorlog (1953). Zijn gedichten staan in *De groene zee is mijn vriendin* (1987).
Op blz. 124.

J. P. J. H. CLINGE DOORENBOS (1884-1978) was dichter, conferencier en zanger. Hij schreef onder meer de kinderstrip *Flippie Flink* en berijmde jarenlang voor *De Telegraaf* actualiteiten. Over zijn leven vertelde hij in *Zingend door het leven* (1948).
Op blz. 151.

THERA COPPENS (geboren in 1947) schrijft gedichten, verhalen, liedjes en musicals. Ze publiceerde een aantal historische biografieën, historische romans en gedichten voor kinderen.
Op blz. 78 en 189.

RIE CRAMER (1887-1977) werd zeer geliefd door haar zoete tekeningen en versjes voor kleine kinderen, zoals in de vier deeltjes *Lente, Zomer, Herfst* en *Winter* (1910-1911).
Op blz. 31.

JENNY DALENOORD (geboren in 1918) illustreerde inmiddels meer dan honderd boeken, waaronder *De Ark*, een bloemlezing voor kinderen door Annie M. G. Schmidt, *Wiplala* van Annie M. G. Schmidt en *De kikker van Kudelstaart* van Han G. Hoekstra.
Op blz. 111.

T. VAN DEEL (geboren in 1945) is dichter, essayist en criticus. In 1969 verscheen *Strafwerk*. Hij was redacteur van het tijdschrift *De Revisor*. Van Deels gedichten zijn verzameld in *Gedichten 1969-1986* (1988). Hij stelde een bloemlezing samen van gedichten over beeldende kunst, *Ik heb het Rood van 't Joodse Bruidje lief* (1988).
Op blz. 31, 52 en 168.

JULES DEELDER (geboren in 1944) is dichter, prozaschrijver en performer. Zijn eerste verzenbundel, *Gloria satoria*, verscheen in 1969. In 2004 werd zijn

poëzie gebundeld onder de titel *Vrijwel alle gedichten*. Deelder is naast dichter nachtburgemeester van Rotterdam.
Op blz. 44.

MIEP DIEKMANN (geboren in 1925) schreef heel veel jeugd- en kinderboeken. Enkele titels: *De boten van Brakkeput* (1956), *Padu is gek* (1957), *Een liedje voor een cent* (versjes, 1970), *Dan ben je nergens meer* (1975), *Wiele wiele stap* (versjes, 1977), *Het grote boek van Hannes en Kaatje* (1989). Veel versjes werden verzameld in *Ik zie je wel, ik hoor je wel* (1996). Diekmann werd vele malen bekroond, onder andere met de Gouden Griffel.
Op blz. 35.

MARK DIJKENAAR (geboren in 1938) is journalist met als specialisme natuur, milieu en wetenschap. Hij heeft tot nu toe één dichtbundel voor de jeugd gepubliceerd: *De jongen en de boom*.
Op blz. 96.

HANS DORRESTIJN (geboren in 1940) publiceerde enkele bundels met gedichten die hij 'liedjes' noemt. Hij zingt ze ook zelf. In 1983 verscheen de bundel griezelgedichten *De bloeddorstige badmeester*, in 1990 *De liedjes voor volwassenen* en in 1995 *De liedjes voor kinderen*. In 1998 verscheen *Ik heb een kind dat wil ik houden. De mooiste liedjes en gedichten van Hans Dorrestijn*.
Op blz. 27, 55, 63, 119, 134, 152 en 163.

ARJEN DUINKER (geboren in 1956) debuteerde in 1988 met de dichtbundel *Rode oevers*. *De geschiedenis van een opsomming* (2000) werd bekroond met de Jan Campert-prijs.
Op blz. 86.

CLARA EGGINK (1906-1991) bundelde haar gedichten in *De rand van de horizon* (1954). Ze schreef ook verhalen, onder meer *Een Rotterdams kind en andere ontmoetingen* (1962).
Op blz. 178.

REMCO EKKERS (geboren in 1941) schrijft proza en poëzie voor jongeren en volwassenen. Voor zijn dichtbundel *Haringen in de sneeuw* kreeg hij in 1985 een Zilveren Griffel. Ekkers schrijft ook over poëzie voor kinderen.
Op blz. 24, 27, 50, 51, 84, 85, 120, 129, 130, 131, 164 en 201.

JAN G. ELBURG (1919-1992) was een dichter en taalvirtuoos die behoorde tot de groep van de Vijftigers. Zijn gedichten werden verzameld in *Gedichten 1950-1975*. Elburg schreef ook proza.
Op blz. 96.

KAREL EYKMAN (geboren in 1936) schrijft vooral proza en poëzie voor kinderen. Werkte mee aan televisieprogramma's als *De Stratemaker-op-zee-Show*. Voor de Ikon bewerkte hij bijbelverhalen voor kinderen (*Woord voor woord*). In 1982 verscheen zijn gedichtenbundel *Wie verliefd is gaat voor en andere liedjes*.
Op blz. 50, 65, 68, 69, 70, 108, 116, 150, 168 en 200.

HANS FAVEREY (1933-1990) was dichter en psycholoog. Zijn lyrische gedichten, onder andere over muziek, beeldende kunst, liefde en dolfijnen, werden steeds toegankelijker. In 1990 kreeg hij de Constantijn Huygensprijs voor zijn hele oeuvre. In 1993 verscheen *Verzamelde gedichten*.
Op blz. 132.

KEES FENS (geboren in 1929) was hoogleraar moderne Nederlandse letterkunde aan de Katholieke Universiteit van Nijmegen en is medewerker van *de Volkskrant*. In 1990 kreeg hij voor zijn gehele oeuvre de P.C. Hooftprijs 1989. Behalve essaybundels verschenen van zijn hand de bloemlezingen 'voor kinderen en andere volwassenen' *Goedemorgen, welterusten* (gedichten, 1975), *Bij jou in de buurt* (verhalen, 1978) en *Nou hoor je het eens van een ander* (1981). In 1996 verscheen *Die dag lazen wij niet verder*, opstellen over poëzie. Fens kreeg in 1997 de Laurens Jansz. Costerprijs voor zijn verdiensten voor het boek.

ED FRANCK (geboren in 1941) is een literaire duizendpoot. Hij schrijft voor kinderen van alle leeftijden, van kleuters tot tieners. Bekroonde boeken zijn onder andere: *Zomerzeventien*, *Mijn zus draagt een heuvel op haar rug*, *Tinka* en de bewerking van *Abélard en Héloïse*.

Op blz. 69, 74, 131 en 147.

CHR. J. VAN GEEL (1917-1974) was beeldend kunstenaar, dichter en schrijver van korte prozateksten. Drie omvangrijke bundels en een wat kleinere verschenen tijdens zijn leven. Zijn *Verzamelde gedichten* verschenen in 1993.

Op blz. 21, 53, 125 en 164.

IDA GERHARDT (1905-1997) wordt vaak gezien als een van de grootste dichteressen van deze tijd, wat tot veel bekroningen leidde. Haar *Verzamelde gedichten* bestaat uit drie delen.

Op blz. 108.

GUIDO GEZELLE (1830-1899) was een Vlaams priester en een groot lyricus. Zijn eerste bundel, *Vlaemsche Dichtoefeningen*, verscheen in 1858, in 1869 kwamen zijn beroemde *Kleengedichtjes* uit.

Op blz. 128 en 197.

HERMAN GORTER (1864-1927) is een der allergrootste Nederlandse dichters. Zijn lange verhalende vers *Mei*, dat in 1889 verscheen, bevat enkele van de beroemdste regels uit de Nederlandse poëzie. Twee zeer bekende bundels zijn *Verzen* (1890) en *De school der poëzie* (1897). Gorter was in zijn jonge jaren een bekend cricketspeler.

Op blz. 113.

J. GOUDSBLOM (geboren in 1932) is socioloog. In de bundels *Pasmunt* (1968) en *Reserves* (1998) staan gedichten, aforismen en notities.

Op blz. 90.

JO GOVAERTS (geboren in 1973) publiceerde al heel jong twee gedichtenbundels, *Hanne-Ton* (1987) en *De Twijfelaar* (1989). In 1995 verscheen *Waar je naar zit te kijken*, in 1998 *Apenjaren*.

Op blz. 26, 154 en 191.

HELLA S. HAASSE (geboren in 1918) debuteerde in 1939 met gedichten in het blad *Werk*, later opgenomen in haar enige dichtbundel *Stroomversnelling* (1945). Haasse schreef driemaal een Boekenweekgeschenk, waaronder *Oeroeg* en, in 1994, *Transit*, twee boeken die vooral populair zijn bij jonge lezers. Ze schreef veel historische romans, onder andere *Het woud der verwachting* (1949) en *Heren van de thee* (1992). Haar boeken zijn veel vertaald en vaak bekroond. In 1983 kreeg zij de P. C. Hooftprijs, in 2004 de Prijs der Nederlandse Letteren.

Op blz. 118.

JAN HANLO (1912-1969) was als dichter, proza- en briefschrijver een buitengewone figuur. Zijn eerste gedichtenbundel, *The varnished – het geverniste*, verscheen in 1951. De definitieve editie van zijn *Verzamelde gedichten* kwam uit in 1970. Proza van Hanlo vindt men in *In een gewoon rijtuig* (1966), *Moelmer* (1967) en *Zonder geluk valt niemand van het dak* (1972). Zijn *Brieven* werden in 1989 verzameld in twee delen.

Op blz. 22, 29, 44, 93, 99, 123, 124 en 158.

JAC. VAN HATTUM (1900-1981) was onderwijzer, prozaschrijver en dichter van verzen voor kinderen en volwassenen, die vaak even speels als boosaardig zijn. Zijn *Verzamelde gedichten* verschenen in 1954.

Op blz. 21, 65, 90, 129 en 199.

J. P. HEIJE (1809-1876) was aanvankelijk arts, wijdde zich later onder andere aan de poëzie. Zijn grootste populariteit kreeg hij met zijn gedichten voor kinderen die heel vaak op muziek zijn gezet en zo klassiek zijn geworden dat weinigen meer weten dat hij ze heeft geschreven. *Al de Kinderliederen* verscheen in 1861, *De Volksdichten* in twee delen in 1865.

Op blz. 85 en 133.

FRISO HENSTRA (geboren in 1928) kreeg zijn opleiding aan de Rijksacademie te Amsterdam en was van 1968 tot 1986 docent aan de Hogeschool voor Kunsten in Arnhem. Henstra heeft in de Verenigde Staten een aantal prentenboeken gepubliceerd. In 1992 kreeg hij het Gouden Penseel voor *Waarom*

niet? van Sylvia Hofsepian.
Op blz. 52, 53, 100 en 118.

JUDITH HERZBERG (geboren in 1934) schreef dichtbundels, onder meer *Zeepost* (1963), *Botshol* (1980) en *Bijvangst* (1999). Voorts schreef ze toneelstukken, onder andere het later verfilmde *Leedvermaak* (1982), televisiespelen en filmscenario's, verzameld in *Teksten voor toneel en film 1972-1988* (1991). In 1997 kreeg ze de P.C. Hooftprijs voor haar poëzie.
Op blz. 83 en 146.

ANNEMIE HEYMANS (geboren in 1935) illustreert heel subtiel verhalen van bijvoorbeeld Jaak Dreesen, Peter van Gestel en Bart Moeyaert. Vaak schrijft zij ook zelf prentenboeken en verhalen voor jongere kinderen, zoals *Neeltje* (1984), dat werd bekroond met een Zilveren Griffel. Zie ook Margriet Heymans.
Op blz. 36, 70, 107, 133 en 166.

MARGRIET HEYMANS (geboren in 1932) maakt beeldverhalen en prentenboeken, zoals *Jipsloop*, waar ook een televisieprogramma naar werd gemaakt. In 1973 kreeg zij het allereerste Gouden Penseel. In 1989 kreeg ze voor *Lieveling, boterbloem* de Libris Woutertje Pieterse Prijs. Met Annemie Heymans maakte zij *De prinses van de moestuin* (1991), dat werd bekroond met een Zilveren Griffel en de Nienke van Hichtumprijs. Voor *De wezen van Woesteland* kreeg zij in 1998 haar derde Gouden Penseel.
Op blz. 37, 49, 68, 79, 87, 97, 130, 155, 158, 170 en 173.

D. HILLENIUS (1927-1989) was bioloog, dichter, essayist en redacteur van het studentenblad *Propria Cures*. Zijn gedichten, bijvoorbeeld in *Uit groeiende onwil om ooit nog ergens in veiligheid aan te komen* (1966), gaan vaak over de natuur en over de bedreiging van de menselijke soort. Zijn *Verzamelde Gedichten* verschenen in 1991.
Op blz. 130.

HAN G. HOEKSTRA (1906-1986) schreef, net als Annie M.G. Schmidt, in de jaren vijftig kinderversjes voor *Het Parool*. Zijn gedichten voor kinderen zijn voor een deel gebundeld in *Rijmpjes en versjes uit de nieuwe doos* (1952) en *De kikker van Kudelstaart* (1987). Hoekstra schreef ook voor volwassenen en vertaalde kinderboeken. *Verzamelde Gedichten* verscheen in 1972.
Op blz. 31, 40, 44, 45, 48, 49, 79, 91, 100, 105, 144, 153, 175 en 182.

JAN VAN HOFTEN (geboren in 1928) publiceerde kinderversjes in *Het kinder-kompas*. Van zijn hand verscheen onder meer *De vrolijke dierentuin* (1968).
Op blz. 166.

PIETER HOLSTEIN (geboren in 1934) is schilder en graficus. Zelf voegt hij achter zijn naam toe: 'Piet, geboren in de buurt van Lonneker als de mooiste baby ter wereld met grote belofte voor de toekomst etc. Intussen na vijftig jaar wel veranderd. Hobby's: schilderen, tekenen en nadenken op niveau.'
Op blz. 48, 84, 93 en 185.

ED. HOORNIK (1910-1970) was redacteur van *Criterium* en *De Gids* en productief dichter en toneelschrijver. Vijf delen *Verzameld werk* verschenen in 1973-'74. *Kritisch proza* verscheen in 1978.
Op blz. 18 en 187.

DIET HUBER (geboren in 1924) is een met zin voor het nonsensicale begiftigde dichteres voor kinderen. Ze illustreerde haar bundels, waaronder *De veter-eter* (1979) en *Letje Annebetje Bot* (1981), zelf.
Op blz. 26, 27, 58, 110, 162 en 167.

WILLEM HUSSEM (1900-1974) was schilder en dichter. Zijn verzen werden pas in de jaren zestig bekend. In 1992 verscheen *Warmte vergt jaren groei. Een keuze uit de gedichten en tekeningen*. Hussem vertaalde ook veel poëzie, met name Chinese.
Op blz. 84.

PETER JASPERS (1918-1964) schreef in de jaren vijftig onder andere in *Het Parool* kinderversjes die voor het merendeel zijn gebundeld in *De Gouden Bel* (1958) en *Met rozerood en zonnehoed* (1958). In 1955

verscheen de roman *Waarom speel je niet Vincent* die in korte tijd vijf drukken beleefde.
Op blz. 23 en 116.

JAN JUTTE (geboren in 1954) is tekenleraar en illustrator. In 1994 kreeg hij het Gouden Penseel voor *Lui Lei Enzo* van Rindert Kromhout, van wie hij veel boeken illustreerde. Hij gaf Tin Toeval (1995) van Guus Kuijer een gezicht, en ook Teunis, de aandoenlijke olifant uit Toon Tellegens gelijknamige boek (1995). In 2001 kreeg hij zijn tweede Gouden Penseel voor zijn illustraties bij Mensje van Keulens *Tien stoute katjes*, en in 2004 zijn derde voor zijn tekeningen bij Sjoerd Kuypers *Een muts voor de maan*.
Op blz. 19, 165, 176 en 199.

JAN KAL (geboren in 1946) studeerde lange tijd medicijnen en schrijft uitsluitend sonnetten. Van hem verscheen in 1997 *1000 Sonnetten*.
Op blz. 46 en 48.

JO KALMIJN-SPIERENBURG (1905-1991) schreef gedichten voor volwassenen en voor kinderen, voor de laatsten onder meer *Het liedje van verlangen* (1969).
Op blz. 96.

VALENTINE KALWIJ (geboren in 1949) is lerares Nederlands. In 1988 publiceerde ze de gedichtenbundel voor de jeugd *Neem nu een paardebloem*, in 1994 de verhalenbundel *Het lijk langs het spoor*.
Op blz. 64, 125 en 189.

PIERRE KEMP (1886-1967) schilderde op zondag en dichtte in de trein. Jarenlang maakte Kemp elke dag een kort gedicht, dat een nummer kreeg. In 1976 verschenen drie delen *Verzameld werk*.
Op blz. 80, 92, 149 en 190.

MART KEMPERS (1924-1993) was grafisch ontwerper, schilder, graficus en tekenaar. Hij specialiseerde zich in kleurenlitho's. Hij illustreerde onder meer de gedichtenbloemlezing van Kees Fens *Nou hoor je het eens van een ander*.
Op blz. 65, 78, 80, 83, 90, 128 en 129.

A. KOOLHAAS (1912-1992) is beroemd om zijn dierenverhalen als *Gekke Witte* (1959) en *Raadpleeg de meerval* (1980), verzameld in *Alle Dierenverhalen* (1990). Voor de oorlog publiceerde hij de strip *Stiemer en Stalma*, waarvoor Leo Vroman de tekeningen maakte. Koolhaas schreef ook gedichten, toneelstukken en kritieken. Zijn verzamelde gedichten, *Rossignol is nachtegaal*, verschenen in 1981. In 1989 kreeg hij de Constantijn Huygensprijs voor zijn hele oeuvre, in 1992 de P.C. Hooftprijs.
Op blz. 80 en 167.

RUTGER KOPLAND (schuilnaam van R.H. van den Hoofdakker, geboren in 1934) was hoogleraar psychiatrie. In 1988 kreeg hij de P.C. Hooftprijs voor poëzie. In 1999 verscheen *Gedichten 1966-1999*.
Op blz. 92, 156, 167 en 201.

ANTON KORTEWEG (geboren in 1944), directeur van het Letterkundig Museum, schreef een studie over negentiende-eeuwse dominee-dichters (1978) en publiceerde enkele dichtbundels, waaronder *Voor de goede orde* (1988) en *In handen* (1997). Zijn recentste bundel is *Voortgangsverslag* (2005).
Op blz. 95.

ALFRED KOSSMANN (1922-1998) heeft gedichten geschreven, maar schreef vooral proza: romans, verhalen, reisbeschrijvingen en essays. *Gedichten 1940-1965* verscheen in 1969. In 1993 verscheen *Rotterdammer, zo ik iets ben. Een stad in mozaïek*. Zijn verhaal voor kinderen, *Lieve, lieve opa's*, verscheen in 1994. In 1980 kreeg hij de Constantijn Huygensprijs. In 1995 verscheen *Huldigingen*, dat werd bekroond met de Libris Literatuur Prijs.
Op blz. 43, 46, 111, 152 en 164.

TIM KRABBÉ (geboren in 1943) schrijft gedichten, romans en verhalen, vaak over wielrennen. Zijn roman *Het gouden ei* (1984) werd tweemaal verfilmd. In 1974 verscheen *Vijftien goede gedichten*. In 1997 publiceerde hij de roman *De grot*.
Op blz. 174.

GERRIT KROL (geboren in 1934) studeerde wiskunde en was lange tijd computerprogrammeur. Zijn

gedichten zijn verzameld in *Polaroid. Gedichten 1955-1976* (1976). Bekend proza van Krol is *Het gemillimeterde hoofd* (1967) en *Omhelzingen* (1993). In 1998 verscheen zijn autobiografie *60 000 uur*.
Op blz. 83, 147 en 168.

JOHANNA KRUIT (geboren in 1940) debuteerde in 1989 als dichteres voor kinderen met *Als een film in je hoofd*. Daarna volgden onder meer *Kan je zien wat je voelt?* (1991), *Wie weet nog waar we zijn?* (1999) en *Twee kusjes in een doosje* (2002).
Op blz. 96.

JAN KUIJPER (geboren in 1947) is redacteur van Querido en schrijft sonnetten. Hij publiceerde onder meer *Oogleden* (1979), *Bijbelplaatsen* (1983), *Tomben* (1989) en *Barbarismen* (1994).
Op blz. 32.

NANNIE KUIPER (geboren in 1939) schreef diverse bundels kindergedichten, waaronder *De eend op de pot* (1981). Ze werd ervoor bekroond. In 1997 verscheen *Ik heb alleen maar oog voor jou*. Kuiper vertaalde versjes van A.A. Milne, onder meer *Nu we al zes zijn*. In 1995 verscheen haar *Kleuterwoordenboek*.
Op blz. 106 en 165.

WIEL KUSTERS (geboren in 1947) groeide op in Limburg in het mijnwerkersmilieu. In 1978 verscheen zijn eerste dichtbundel, *Een oor aan de grond*. Zijn gedichten voor kinderen staan in *Salamanders vangen* (1985), in *Het veterdiploma* (1987) en in *Een beroemde drummer* (1994). Een deel is ook opgenomen in *Zegelboom. Gedichten en notities 1975-1989* (1998). In 2005 verscheen zijn versie van het 'Passiespel': *Levend bewijs*.
Op blz. 18, 29 en 67.

JAN 'T LAM (geboren in 1937) is medeoprichter van het *Jeugdjournaal*. Hij publiceerde in 1962 een novellenbundel, in 1970 het jeugdboek *Verroest maar*, in 1981 *Japie en de anderen* en in 1985 *Ik heb wel eens een bui*.
Op blz. 132 en 157.

HARRIET LAUREY (1924-2004) schreef gedichten voor volwassenen, bijvoorbeeld in *Oorbellen* uit 1954, maar vooral gedichten en verhalen voor kinderen. Haar gedichten gaan vaak over dieren. In 1976 verschenen haar *Kinderversjes*.
Op blz. 21, 55 en 201.

JOKE VAN LEEUWEN (geboren in 1952) is een dubbeltalent. Haar boeken werden onder andere bekroond met het Gouden Penseel, de Gouden Griffel, en de Gouden Uil. Enkele titels: *Deesje* (1985), *Het verhaal van Bobbel die in een bakfiets woonde en rijk wilde worden* (1987), *Iep!* (1996) en *Kweenie* (2003). In 1993 schreef ze het Kinderboekenweekgeschenk, *Het weer en de tijd*. In 1999 kreeg ze de Woutertje Pieterse prijs voor *Bezoekjaren* (samen met Malika Blain) en in 2000 de Theo Thijssen-prijs voor haar hele werk.
Op blz. 25.

J. H. LEOPOLD (1865-1925) is een van de belangrijkste dichters van Nederland. In 1935 verschenen zijn *Verzamelde verzen*. Een historisch-kritische uitgave van zijn werk verscheen in twee delen in 1982 en 1988.
Op blz. 129 en 179.

TED VAN LIESHOUT (geboren in 1955) werkt mee aan de televisieprogramma's *Sesamstraat* en *Het Klokhuis*. Zijn gedichten illustreert hij vaak zelf en hij schrijft ook over kunst voor kinderen, zoals in *Stil leven – een tentoonstelling* (1998), bekroond met een Zilveren Zoen. Bundels van hem zijn onder meer *Och, ik elleboog me er wel doorheen* (1988, Zilveren Griffel) en *Mijn botjes zijn bekleed met deftig vel* (1990). *Begin een torentje van niks* werd in 1995 bekroond met de Gouden Griffel. In 1999 verscheen *Zeer kleine liefde*, en in 2005 *Mama! Waar heb jij het geluk gelaten*, dat werd bekroond met een Zilveren Griffel.
Op blz. 51, 77 en 92.

HANS LODEIZEN (1924-1950) wordt beschouwd als een voorloper van de Vijftigers. Zijn gedichten, waaronder die uit de enige tijdens zijn leven verschenen bundel, *Het innerlijk behang*, zijn bijeengebracht

in zijn *Verzamelde gedichten* (1996).
Op blz. 193.

G. W. LOVENDAAL (1847-1939) schreef simpele en nogal moralistische volks- en kindergedichten. In 1918 verscheen *Kindergedichten*. Een aantal van zijn versjes is op muziek gezet en daarom lang bekend gebleven.
Op blz. 114.

H. MARSMAN (1899-1940) was tussen de twee wereldoorlogen een van de bekendste en meest aansprekende Nederlandse dichters. Zijn *Verzamelde gedichten* worden nog altijd herdrukt. De verhalen en essays zijn opgenomen in het *Verzameld werk*.
Op blz. 90.

WILLEM DE MÉRODE (1887-1939) was een belangrijk protestants-christelijk dichter. Zijn verzen zijn te vinden in *Verzamelde gedichten* (1987).
Op blz. 77.

HANNY MICHAELIS (geboren in 1922) debuteerde in 1949 met de bundel *Klein voorspel*. In 1995 ontving zij de Anna Bijnsprijs. Haar *Verzamelde gedichten* verschenen in 1996.
Op blz. 56.

K. MICHEL (schuilnaam van Michael Maria Kuijper, geboren in 1958) debuteerde in 1989 met de gedichtenbundel *Ja! Naakt als de stenen*. Kort daarna verscheen de bundel korte verhalen *Tingeling*, in 1992 gevolgd door *Tingeling & Totus*. Michel vertaalde poëzie van onder anderen Octavio Paz en Cesar Vallejo. In 1999 kwam de dichtbundel *Waterstudies* uit, die in 2000 werd bekroond met de VSB Poëzieprijs.
Op blz. 20.

NEELTJE MARIA MIN (geboren in 1944) werd met haar debuut *Voor wie ik liefheb wil ik heten* (1966) op slag bekend. Pas in 1985 verscheen een nieuwe bundel, *Een vrouw bezoeken*, in 1995 gevolgd door *Kindsbeen*.
Op blz. 19, 174 en 197.

RICHARD MINNE (1891-1965), Vlaams dichter en prozaschrijver. *In den zoeten inval*, zijn eerste bundel poëzie, verscheen in 1927. In 1955 verscheen de verzamelbundel *In den zoeten inval en andere gedichten*. In 1996 verschenen de *Verzamelde verhalen*.
Op blz. 83.

JOHAN ANDREAS DÈR MOUW (1863-1919) was een filosoof met belangstelling voor oosterse wijsbegeerte en een belangrijk dichter. Zijn *Volledig dichtwerk* verscheen in 1986.
Op blz. 36, 55 en 176.

J. C. NOORDSTAR (schuilnaam van A. J. P. Tammes, 1907-1987) was redacteur van de *Nieuwe Rotterdamse Courant* en hoogleraar volkenrecht. In 1930 publiceerde hij de verzenbundel *De Zwanen en andere gedichten*, waarvan in 1967 een tweede, sterk vermeerderde druk verscheen. In 2000 verscheen zijn verzameld werk.
Op blz. 172 en 200.

THEO OLTHUIS (geboren in 1941) schrijft gedichtjes en liedjes voor het televisieprogramma *Sesamstraat*. Enkele titels: *Ergens is een heel eind weg* (1991), *Een gat in de hemel* (1994), *Druppels vangen* (1996), *Vlinder in december* (1998), en *Een steen zweeft over het water* (2002).
Op blz. 50, 64, 95, 114, 117 en 161.

PAUL VAN OSTAIJEN (1896-1928) had deel aan alle grote vernieuwingsbewegingen tussen 1916 en het jaar van zijn dood en is een van de grootste Vlaamse dichters. Van Ostaijen schreef ook veel verhalend proza. Zijn *Verzameld werk* verscheen in vier delen tussen 1952 en 1956.
Op blz. 17, 192, 202 en 203.

WILLEM JAN OTTEN (geboren in 1951) is dichter, toneel- en romanschrijver en criticus. Enkele dichtbundels: *Een Zwaluw vol Zaagsel* (1973), *De eend* (1975), *Paviljoenen* (1991), *Eindaugustuswind* (1999). In 1992 verscheen zijn eerste roman *De wijde blik*. In 1999 kreeg hij de Constantijn Huygensprijs voor al zijn werk. In 2004 verscheen de roman *Specht en Zoon*, bekroond met de Libris Literatuurprijs en de

Inktaap 2006.
Op blz. 185.

DRS. P (voluit Heinz Hermann Polzer, geboren in 1919) is econoom en tekstdichter, die zijn eigen liedjes op onnavolgbare wijze zingt. In 1999 verscheen de verzamelbundel *Tante Constance en Tante Mathilde. Liedteksten van Drs. P.* In 2000 is zijn werk bekroond met de Tollensprijs.
Op blz. 178.

ELS PELGROM (geboren in 1934) is kinderboekenschrijfster. Haar boeken, waaronder *De kinderen van het Achtste Woud* (1977), *Kleine Sofie en Lange Wapper* (1984), *De Olifantsberg* (1985) en *De eikelvreters* (1990) zijn in talrijke vertalingen verschenen. Zij kreeg drie keer een Gouden Griffel. In 1994 kreeg zij de Theo Thijssen-prijs voor haar gehele oeuvre. In 1995 schreef zij het Kinderboekenweekgeschenk: *Bombaaj!* In 2006 verscheen *Helden: Griekse mythen*.
Op blz. 42 en 149.

PETER (schuilnaam van Piet Heil, geboren in 1920), schrijver en journalist, publiceerde twee bundels kindergedichten, waaronder *Moet je horen...* (1952).
Op blz. 103, 110 en 170.

LIDY PETERS (geboren in 1954) schrijft gedichten voor kinderen; ze publiceerde onder andere *Je hebt me verraden* (1985), *De geur van natte meisjesharen* (1987), en *Hizzel hazzel hazelaar: alle maanden van het jaar* (1999).
Op blz. 176.

A. F. PIECK (1865-1925) was hoofdonderwijzer. Van zijn hand verschenen: 'aardige en spannende boeken voor kinderen en jongelui, waarin de godsdienst echter buiten beschouwing wordt gelaten' (Lectuurrepertorium). Hij schreef onder meer *Licht en donker. Kindergedichtjes voor School en Huis.*
Op blz. 85.

FETZE PIJLMAN (geboren in 1946) publiceerde onder andere de dichtbundels *Onder de lamp* (1972), *Oldambt* (1976), *Voor het eerst* (1984) en *Mijn pen krast al even dwaas* (1996).
Op blz. 32, 40 en 95.

MANCE POST (geboren in 1925) illustreert sinds 1955 kinderboeken. Tot de hoogtepunten van haar oeuvre behoren de tekeningen voor de Madelief-boeken van Guus Kuijer en illustraties in gemengde techniek voor dierenverhalen van Toon Tellegen. In *Ik woonde in een leunstoel* tekende ze de herinneringen aan haar eigen kindertijd. In 2000 kreeg zij de eerste Boekie Boekieprijs voor al haar werk, en in 2006 een Zilveren Penseel voor haar illustraties bij Tellegens *Midden in de nacht*.
Op blz. 17, 25, 75, 86, 115, 157, 169, 188 en 192.

HARRIËT VAN REEK (geboren in 1957) debuteerde in 1986 met *De avonturen van Lena lena*, een eigenzinnig prentenboek waarvoor ze ook de tekst schreef. Ze kreeg er een Gouden Griffel voor. In 1989 verscheen *Het bergje spek*, in 1996 *Henkelman, ons Henkelmannetje*, en in 2001 *Bokje*.
Op blz. 46, 131, 149 en 203.

P. VAN RENSSEN (1902-1938), nu bijna vergeten dichter van voornamelijk religieuze poëzie. *De geschiedenis van Pig Pag Pengeltje en andere versjes* (1936), dat hij voor kinderen schreef, is bekend gebleven.
Op blz. 54.

BAS ROMPA (geboren in 1957) publiceerde gedichten voor kinderen in *Vrij Nederland* en in kindertijdschriften. In 1986 verscheen de bundel *Binnenste buiten*, in 1994 *Het holst van de dag* en in 1999 *Beet!*. In 2004 verscheen *Ben ik het die ik zie*.
Op blz. 32, 72 en 112.

J. C. VAN SCHAGEN (1891-1985) werd vooral bekend door zijn bundel prozagedichten *Narrenwijsheid*, waarvan de eerste druk in 1925 verscheen. Volgende drukken werden uitgebreid. Een bloemlezing uit zijn werk is *Ik ga maar en ben* (1972). Van Schagen publiceerde vanaf 1963 een eigen, geheel door hemzelf gevuld tijdschrift, *Domburgse Cahiers*.
Op blz. 100, 124 en 166.

J. M. W. SCHELTEMA (1921-1947) was net als Piet

Paaltjens een studentendichter. Hij schreef de bundel *Chansons, Gedichten en Studentenliederen* (tweede, vermeerderde druk 1948).
Op blz. 97, 103 en 119.

K. SCHIPPERS (schuilnaam van Gerard Stigter, geboren in 1936) was een van de oprichters van het tijdschrift *Barbarber*. Een keuze uit de gedichten heet *Een leeuwerik boven een weiland* (1980). Voor kinderen schreef hij op de Kinderpagina van NRC *Handelsblad* stukjes, die in 1994 gebundeld zijn in *'s Nachts op dak. Vijftig kindervoorstellingen* en in *Sok of sprei* (1998), die beide bekroond werden met een Zilveren Griffel. Naast gedichten en romans schrijft Schippers kritieken over beeldende kunst en literatuur, verzameld in onder andere *Museo Sentimental* (1990), *Eb* (1992) en *Sprenkelingen* (1998). In 1996 kreeg hij er de P.C. Hooftprijs voor. Enkele romans zijn *Eerste indrukken* (1979), *Poeder en wind* (1996), en *Waar was je nou?* (2005), waarvoor hij de Libris Literatuurprijs kreeg.
Op blz. 43, 45, 57, 58, 75, 80, 86, 112 en 115.

ANNIE M. G. SCHMIDT (1911-1995) is de beste en de populairste auteur van verhalen en gedichten voor kinderen. Veel van haar gedichten zijn inmiddels klassiek. Voor kleine kinderen schreef ze de, eveneens klassiek geworden, verhaaltjes over Jip en Janneke, waarvan de verzamelbundel in 1977 verscheen. Ze zijn nu ook in het Latijn vertaald. Enkele bekende prozaboeken van Schmidt zijn *Wiplala* (1957), *Minoes* (1970), *Pluk van de Petteflet* (1971) en *Otje* (1980). De gedichten zijn gebundeld in *Ziezo, de 347 kinderversjes* (1987). Schmidt schreef ook poëzie voor theater, radio en televisie, bijeengebracht in *Tot hier toe* (1986). Ze heeft talloze prijzen gekregen. Voor haar werk voor kinderen ontving ze in 1988 de hoogste internationale onderscheiding: de Hans Christian Andersen Prijs.
Op blz. 20, 24, 28, 30, 37, 42, 47, 63, 66, 71, 73, 74, 76, 88, 94, 99, 109, 111, 125, 139, 142, 145, 148, 157, 177, 179, 185, 186, 188, 190, 191, 193, 195 en 196.

J. SLAUERHOFF (1898-1936) was scheepsarts en schreef proza en poëzie. Zijn *Verzamelde werken* verschenen in zeven delen (1941-1954). De *Verzamelde gedichten* kwamen uit in 1961.
Op blz. 73.

HEDWIG SMITS (geboren in 1957) is schrijfster van *De clown en andere gedichtjes* (1970).
Op blz. 26.

LEA SMULDERS (1921-1993) schreef meer dan honderd kinderboeken. Voor de radio verzorgde ze lange tijd de rubriek *Klein, klein kleutertje*. Geliefd waren haar Pietje Prik-boeken, waarvan er tussen 1955 en 1975 vierentwintig verschenen.
Op blz. 88.

ELLA SNOEP (geboren in 1941) studeerde kunstgeschiedenis en schrijft onder haar meisjesnaam Ella Reitsma kunstkritieken voor *Vrij Nederland*. Ze heeft een eigen marionettentheater; drie van haar verhalen voor dit theater zijn uitgegeven: *Kip op sokken* (1981), *Tommie Tod* (1984) en *Een staart voor oma* (1988).
Op blz. 51.

ANDRÉ SOLLIE (geboren in 1947) illustreert en schrijft, zijn gedichten zijn gebundeld in onder andere *Het ijzelt in juni*. Hiervoor kreeg hij in 1998 een Boekenwelp. In datzelfde jaar kreeg hij ook een Boekenpauw. Voor zijn tekst bij *Wachten op matroos* kreeg hij in 2001 een Gouden Griffel. In 2004 verscheen zijn prentenboek *Dubbel Doortje* en in 2005 zijn jeugdroman *Nooit gaat dit over*.
Op blz. 69, 147 en 168.

J. H. SPEENHOFF (1869-1945) trad vanaf 1903 op als dichter-zanger van het Nederlandse levenslied. Zijn werk is bijeengebracht in tien delen *Liedjes, wijzen en prentjes* (1903-1921).
Op blz. 173, 174 en 176.

JAC. VAN DER STER (1909-1973) was journalist en schreef lichte poëzie voor volwassenen en kinderen, bijvoorbeeld in *Mallemolen*.
Op blz. 144.

BIANCA STIGTER (geboren in 1964) is kunstredacteur van NRC *Handelsblad*. Met Tine van Buul sa-

menstelster van dit boek en van de in 1993 verschenen bloemlezing poëzie voor de allerjongsten *Ik geef je niet voor een kaperschip / Met tweehonderd witte zeilen*. In 1997 schreef zij *Mondriaans alfabet*, een boek voor kinderen over schilder Piet Mondriaan, in 2005 verscheen haar boek over Amsterdam in de oorlog: *De bezette stad*.
Op blz. 154 en 189.

KEES STIP (1913-2001) schreef, ook onder de naam Trijntje Fop, grappige, bijzondere rijmende gedichten. Zijn nonsensicale versjes over dieren zijn verzameld in *Het grote beestenfeest: de beste Trijntje Fops allertijden*. In 1993 verscheen *Lachen in een leeuw. Verzamelde gedichten*.
Op blz. 36, 37, 53, 58 en 84.

PETER VAN STRAATEN (geboren in 1935) werd opgeleid aan de Rietveldacademie. Zijn tekeningen verschijnen regelmatig in *Het Parool* en in *Vrij Nederland*. Hij is ook schrijver, onder andere van de *Agnes*-verhalen, de laatste bundel verscheen in 2000: *Niet doen, Agnes*.
Op blz. 60, 66, 72-73, 98 en 150.

TOON TELLEGEN (geboren in 1941) is arts en schrijft gedichten, verhalen, romans en kinderboeken. In 2000 verscheen *Gedichten 1977-1999*. Zijn dierenverhalen zijn gebundeld in *Misschien wisten zij alles* (1995). Over mensen schreef hij onder andere *Juffrouw Kachel* (1992) en *Mijn vader* (1994), en *Twee oude vrouwtjes* (1994). Zijn werk werd vele malen bekroond, met Gouden en Zilveren Griffels. Hij kreeg tweemaal de Libris Woutertje Pieterse Prijs. In 1997 ontving Tellegen de Theo Thijssen-prijs voor zijn hele oeuvre. In 2000 werd *De genezing van de krekel* bekroond met de Gouden Uil. In 2005 verscheen, met prenten van Marit Törnqvist: *Pikkuhenki*.
Op blz. 149.

THÉ TJONG-KHING (geboren in 1933) was striptekenaar voor hij kinderboeken begon te illustreren. Hij maakte tekeningen bij boeken van Miep Diekmann, Gerard Brands, Mensje van Keulen, Annie M.G. Schmidt, Guus Kuijer, Kaat Vrancken en vele anderen. Voor het boek *Kleine Sofie en Lange Wapper*, waarvoor Els Pelgrom de tekst schreef, kreeg hij in 1985 het Gouden Penseel. In 2002 kreeg hij een Gouden Penseel (zijn derde) voor zijn tekeningen bij *Het Wonderboek van Vos en Haas*.
Op blz. 24, 74, 140 en 180.

MARIJE TOLMAN (1976) volgde haar opleiding aan de kunstacademie in Den Haag en het Edinburgh College of Art. Haar eerste prentenboek verscheen in 2005 (*Het krijtje*, tekst van Iris van der Heide). Ze tekende het omslag van deze uitgave.

MARTEN TOONDER (1912-2005) schiep de beroemde stripfiguren Tom Poes, Ollie B. Bommel en de andere inwoners van Gansdorp. In 1983 kwam er een lange tekenfilm uit over Bommel en Tom Poes, *Als je begrijpt wat ik bedoel*. In 1992 verscheen het eerste deel van zijn autobiografie, *Vroeger was de aarde plat*, in 1993 deel 2, *Het geluid van bloemen* en in 1996 deel 3 *Onder het kollende meer Doo* en in 1998 de epiloog *Tera*.
Op blz. 190.

M. VASALIS (schuilnaam van M. Drooglever Fortuyn-Leenmans, 1909-1998) was zenuwarts, kinderpsychiater en dichteres. In 1940 verscheen *Parken en woestijnen*, in 1947 *De vogel Phoenix*, in 1954 *Vergezichten en gezichten*. In 1982 kreeg ze de P.C. Hooft-prijs.
Op blz. 98.

DENISE DE VEIJLDER (geboren in 1923) kreeg in 1983 de Vlaamse prijs voor het beste kinderboek voor *Rumoer in het land van de mieren*. Gedichten van haar verschenen in 1986 in *Ik ben ik*.
Op blz. 154.

MARGOT VOS (1891-1985) schreef het beste van haar eenvoudige socialistische poëzie in de jaren twintig. Haar bekendste bundel is *De nieuwe lent'* (1923). Voor kinderen is de bundel *Meiregen* (1925), met illustraties van Raoul Hynckes, de belangrijkste.
Op blz. 20 en 202.

PETER VOS (geboren in 1935) tekent vooral dieren. In 1970 verscheen zijn *Beestenkwartet*. Hij illustreerde onder meer de *Sprookjes van de lage landen* van Eelke de Jong en Hans Sleutelaar (1972) en *Jannes* (1993) van Toon Tellegen (Zilveren Griffel 1994). In 1995 verscheen een schitterende hommage, met velerlei bijdragen: *Peter Vos, tekenaar*.
Op blz. 47, 55, 56, 108, 116, 124, 125, 127, 145 en 196.

MISCHA DE VREEDE (geboren in 1936) schrijft proza en poëzie. Ze schreef ook een paar kinderboeken waaronder *'Al zeg ik het zelf', zei de Zwif-Zwaf* (1960) en *13; een meisjesboek* (1976), en heeft jarenlang kinderliteratuur gerecenseerd.
Op blz. 129.

HENDRIK DE VRIES (1896-1989) was een der meest fantastische en felste dichters uit de recente Nederlandse literatuur. Zijn beroemdste bundel is *Toovertuin* (1946). *Keur uit vroegere verzen 1916-1946* verscheen in 1962. De Vries vertaalde veel Spaanse poëzie. In 1973 kreeg hij de P.C. Hooftprijs. In 1993 verschenen zijn *Verzamelde gedichten*, in 1996 de bloedstollende *Sprookjes* voor kinderen.
Op blz. 18, 97, 154, 158, 174 en 197.

LEO VROMAN (geboren in 1915) is bioloog, tekenaar, dichter en prozaïst. Zijn oeuvre is zeer omvangrijk. *Verzamelde gedichten* verscheen in 1985. In 1991 verscheen *Neembaar. Een keuze uit de gedichten*; in 1999 de bundel *Details*, en in 2005 *Het andere heelal*. In 1993 verscheen zijn autobiografie *Warm, koud, nat & lief*. Zijn werk is vele malen bekroond, onder andere in 1964 met de P.C. Hooftprijs voor poëzie. Vroman woont in Texas.
Op blz. 19, 25, 45 en 54.

ELLEN WARMOND (schuilnaam van P. van Yperen, geboren in 1930) debuteerde in 1953 met de poëziebundel *Proeftuin*. Voor kinderen schreef zij *Beestenboel* (1973). Een keuze uit haar gedichten voor volwassenen werd in 1991 gebundeld in *Persoonsbewijs voor inwoner*. In 1999 verscheen de bundel *Kaalslag*.
Op blz. 56.

H. N. WERKMAN (1892-1945) was drukker en werd beroemd om zijn druksels, een heel eigen vorm van beeldende kunst. In 1923 richtte hij het blad *The Next Call* op, waarin hij ook teksten, waaronder klankgedichten, publiceerde. In de oorlog drukte hij een reeks clandestiene uitgaven. In april 1945 werd hij gefusilleerd.
Op blz. 58.

FIEP WESTENDORP (1916-2004). Haar naam is in de eerste plaats verbonden met die van Annie M.G. Schmidt. Jip en Janneke, Floddertje, Pluk van de Petteflet, Otje en veel andere figuurtjes zijn het resultaat van de ideale samenwerking tussen auteur en tekenaar. Onvergetelijk zijn ook de tekeningen bij Han G. Hoekstra *Rijmpjes en versjes uit de nieuwe doos* en die van Mies Bouhuys' katten Pim en Pom. In 1997 kreeg zij een ere-Gouden Penseel voor al haar werk.
Op blz. 30, 38, 42, 59, 63, 71, 94, 104, 105, 113, 153, 177, 186, 191 en 195.

FRANCIEN VAN WESTERING (geboren in 1951) tekent het liefst dieren en planten, onder andere in *Libelle* en *Margriet*. Zij illustreerde kinderboeken (van Mies Bouhuys bijvoorbeeld), maakte de kleurige prenten voor Bertus Aafjes *Rijmpjes uit de vrolijke doos* en maakte omslagen voor boeken van bijvoorbeeld Cynthia Voigt en Margaret Mahy.
Op blz. 162.

IVO DE WIJS (geboren in 1945) is tekstdichter en radio- en televisiepresentator. De liedjes die hij schreef voor Jasperina de Jong zijn gebundeld in *Tour de chant* (1991). In *Hahaha, je vader* staan onder meer de liedjes die De Wijs schreef voor het theaterprogramma *Mevrouw Smit doet het in d'r broek* en de liedjes voor de platen en televisieshows van *Kinderen voor kinderen*. In 1988 verscheen *Dat rijmt* met tekeningen van Alfons van Heusden.
Op blz. 135.

RIET WILLE (geboren in 1954) is logopediste en publiceerde een aantal poëziebundels, waaronder

Zuurtjes en zoetjes (1984), *Krantekriebels* (1986) en *De Deuk is moe: verzen op een vlek* (1997), en *Kastje, wat past je?* (2004).
Op blz. 144.

WILLEM WILMINK (1936-2003) verzamelde zijn poëzie in *Verzamelde liedjes en gedichten van vroeger*. Jean Pierre Rawie stelde een bloemlezing uit zijn poëzie samen: *Ik had als kind een huis en haard* (1996). Zijn literaire opstellen voor kinderen bundelde Wilmink in *Schriftelijke cursus dichten* (1996). Vertalingen van middeleeuwse poëzie verschenen onder meer in *Lyrische lente* (2000), in 2003 verscheen de bundel *Je moet je op het ergste voorbereiden*. Wilmink leverde teksten voor televisieprogramma's van *De Stratemaker-op-zee-Show* en *De film van Ome Willem* tot en met *Sesamstraat* en *Het Klokhuis*. Al zijn werk is voor kinderen én volwassenen bestemd.
Op blz. 23, 52, 60, 68, 89, 104, 106, 107, 131, 143, 151, 161 en 197.

JULIETTE DE WIT (geboren in 1958) maakt illustraties voor kranten en tijdschriften en voor kinderboeken, waaronder *We zien wel wat het wordt* van Willem Wilmink, en boeken van Trude de Jong, Martha Heesen en Mensje van Keulen.
Op blz. 39, 103 en 120.

LEENDERT WITVLIET (geboren in 1936) was conrector van een scholengemeenschap. Van hem verschenen gedichten voor kinderen in onder meer *Vogeltjes op je hoofd* (1980), *Sterrekers* (1984), *In zomers* (1994), en *Over het water en onder de maan* (2003).
Op blz. 37, 40, 78, 124, 127, 177 en 187.

DAAN ZONDERLAND (schuilnaam van D.G. van der Vat, 1909-1977) was journalist en woonde jaren in Engeland. Hij schreef fantastische kinderboeken (*Knikkertje Lik*) maar werd vooral bekend door zijn zeer virtuoze verzen. In 1983 verscheen de verzamelbundel *Redeloze rijmen en alle andere verzen*.
Op blz. 23, 36 en 156.

Bronvermelding

Aafjes, Bertus, Mooie Anna (146) uit *Rijmpjes en versjes uit de vrolijke doos* (Amsterdam, Meulenhoff, 1980)

Abramsz, S., Hollands liedje (87) uit *Kun je nog zingen, zing dan mee* (Groningen, Wolters-Noordhoff, 1986)

Achterberg, Gerrit, Kinderangst (199) uit *Verzamelde Gedichten* (Amsterdam, Querido, 1963)

Andreus, Hans, De Wees Vrolijk-Automaat (26) uit *De Rommeltuin* (Haarlem, Holland, 1970), Liedje van de luie week (29) en Het lied van de zwarte kater (123) uit *Waarom, daarom* (Haarlem, Holland, 1967), De race-auto (66), Modern afterijmpje (72), Meneer van Dommelen (79) en De laatste tovenaar (154) uit *De Trapeze deel 4* (Groningen, Wolters-Noordhoff, 1970), De blauwe bussen (87) en Liedje (194) uit *Verzamelde Gedichten* (Amsterdam, Bakker, 1983), Géén versje over regen (95) en Van binnen pratend hoofd (196) uit *De fontein in de buitenwijk* (Haarlem, Holland, 1973), De pad en de roos (147) uit *Kinderversjes* (Haarlem, Holland, 1975)

Anker, Robert, Jok speelt op straat (120) uit *Doe maar open* (Amsterdam, Querido, 1984)

Arends, Jan, *Niet* (57) uit *Verzameld werk* (Amsterdam, De Bezige Bij, 1984)

Assche, Armand van, Een nieuw woord (114) en Fantaseren (200) uit *Haartjes op mijn arm* (Altiora, 1984)

Bakker, Gerrit, *Gekortwiekt raakt de voetballer* (72) uit *De menselijke natuur* (Amsterdam, Querido, 1966), De braam (87) en De denneappel (92) uit *Ommekeer* (Amsterdam, Querido, 1975)

Bastet, F.L., De mummie Toet (39) uit *Doe maar open* (Amsterdam, Querido, 1984)

Berends, Gerard, *Hoor, daar wordt* (167) uit *Waaien, hard waaien* (Amsterdam, Querido, 1990)

Bernlef, J., 2 verlanglijstjes (22) en Toen ik hem voor het eerst zag (168) uit *Gedichten 1970-1980* (Amsterdam, Querido, 1988)

Biemans, Ienne, *Waar de wind zachtjes waait* (17) en *Je opa van de sleutelbos* (169) uit *Lang zul je leven* (Amsterdam, Querido, 1988), Mijn naam is Ka (25), Er is een boek (75), Ik krijg een jas van groene zij (86), Dag mevrouw (115), *Drie kleine nichtjes* (157) en Er was er eens een aapje (192) uit *Mijn naam is Ka. Ik denk dat ik besta* (Amsterdam, Querido, 1985), Ik heb een touw (68), In een donker (87), Ik ben zo moe, zo moe, zei het geitje (130), *Stel je voor* (170) en *Vroeger* (173) uit *Ik was de zee* (Amsterdam, Querido, 1989)

Boddaert, Marie, Kindersproke (198) uit *Serena* (Utrecht, Honig, 1898)

Boerstoel, Jan, Het 'ennerige' jongetje (140) uit *Last van goeie raad* (Amsterdam, Bakker, 1984)

Bomans, Godfried, Spleen (151) uit *Ongerijmde rijmen* (Utrecht, Het Spectrum, 1956)

Bosch van Drakestein, Marga, De heksenschool (41) en 't Gebreide oompje (171) uit *Het heksenketeltje* (Haren, Knoop en Niemeijer, z.j.)

Bouhuys, Mies, Mimosa (59), Het pakhuis (104) en Maart (113) uit *De Pim-en-Pomnibus* (Amsterdam, Querido, 1986), Paardje (201) uit *Kinderversjes* (Haarlem, Holland, 1974)

Brands, Gerard, Het laatste kwatrijn (20) uit *Barbarberalfabet* (Amsterdam, Querido, 1990)

Bril, Martin, Supergedicht (59) en Ooh had ik maar een bootje, vrij naar Lyke Lovett If I had a boat (83) uit *Terug & andersom, supergedichten van Top!*

(Amsterdam, Island International Bookstore, 1989)

Buddingh', C., De blauwbilgorgel (22), Schoolbord (43), De bozbezbozzel (46) en changement de décor (178) uit *Gedichten 1938/1970* (Amsterdam, De Bezige Bij, 1971), Aardrijkskunde (35) uit *De eerste zestig* (Amsterdam, De Bezige Bij, 1978), Een dubbeltje wordt nooit een kwartje (43) en De grote stenen (53) uit *De Nieuwe Trapeze deel E* (Groningen, Wolters-Noordhoff, 1975)

Campert, Remco, *O dat zal een droevige dag zijn* (167) en *De maan loopt een eindje met ons mee* (185) uit *Alle bundels gedichten* (Amsterdam, De Bezige Bij, 1976)

Charles, J.B., De kat (124) uit *De groene zee is mijn vriendin, Gedichten 1944-1982* (Amsterdam, De Bezige Bij, 1987)

Clinge Doorenbos, J.P.J.H., Toekomstvragen (151) uit *5 dozijn voor groot en klein* (Amsterdam, Becht, z.j.)

Coppens, Thera, Boek (78) en Schuldig (189) uit *Trappen om vooruit te komen* (Haarlem, Holland, 1986)

Cramer, Rie, Ziek geweest (31) uit *Mijn liefste versjes* (Den Haag, Van Goor, 1973)

Deel, T. van, Vroeg wijs (31), Opstellen (52) en Bloemen (168) uit *Gedichten 1969-1986* (Amsterdam, Querido, 1988)

Deelder, Jules, Gedicht voor land- en tuinbouw (44) uit *Dag en nacht geopend* (Amsterdam, De Bezige Bij, 1970)

Diekmann, Miep, De wereld is zo groot, (35) uit *Een kind, een kind is zoveel meer* (Baarn, Bosch & Keuning, 1987)

Dijkenaar, Mark, Zee en strand (96) uit *De jongen en de boom* (Haarlem, Holland, 1987)

Dorrestijn, Hans, De echte bakker (27), Poep- en piesmenuet (55), Kwakwadonk (63), Pieleman (119) en Een pechdag (152) uit *Pieleman, pieleman* (Amsterdam, Aarts, 1979), 't Roofschaap (134) en 't Enge restaurant (163) uit *De bloeddorstige badmeester* (Amsterdam, Bakker, 1983)

Duinker, Arjen, *wat is dit een mooi land* (86) uit *Rode oever* (Amsterdam, Meulenhoff, 1988)

Eggink, Clara, Schaatsenrijden (178) uit *Verzen – Vroeg en laat* (Den Haag, Nijgh & Van Ditmar, 1983)

Ekkers, Remco, Staart (24), Bakker worden (27), Twee paarden (120) en Goudvinken (164) uit *Haringen in de sneeuw* (Amsterdam, Leopold, 1984), Hoi! Expressie! (50), Eerste woord (51), Vliegeren aan zee (84), Vuurdoorn (129), Reiger (130) en Landschap bij nacht (201) uit *Praten met een reiger* (Amsterdam, Leopold, 1986), Duin (85) en Kunst (131) uit *Van muis tot minaret* (Amsterdam, Leopold, 1989)

Elburg, Jan G., *Ik weet* (96) uit *De vlag van de werkelijkheid* (Amsterdam, De Bezige Bij, 1956)

Eykman, Karel, Rommel (68), Het vlugste of het langzaamste (70), Opa is nieuwsgierig (168) en Dat had je gedroomd (200) uit *De liedjes van Ome Willem* (Amsterdam, De Harmonie, 1977), Ik heb het niemand in de klas verteld (50), De wielrenner (65), Zakgeld (69) en Zwaar de pest in (150) uit *Ruim je kamer op* (Amsterdam, De Harmonie, 1982), De geheime club (108) en Wie verliefd is gaat voor (116) uit *Wie verliefd is gaat voor* (Amsterdam, De Harmonie, 1982)

Faverey, Hans, Man & dolphin/Mens & dolfijn (132) uit *Gedichten* (Amsterdam, De Bezige Bij, 1968)

Franck, Ed, *Moeder* (69), *Robbie* (74), *Leentje* (131) en *Sasja* (147) uit *Stille brieven* (Hasselt, Clavis, 1988)

Geel, Chr.J. van, Kinderrijm I (21), Kinderrijm II (53) en Het klemt als pootjes van (125) uit *Spinroc en andere verzen* (Amsterdam, Van Oorschot, 1958), Tekst voor tandartswachtkamer (164) uit *Het Zinrijk* (Amsterdam, Van Oorschot, 1971)

Gerhardt, Ida, Weerzien op zolder (108) uit *Verzamelde gedichten* (Amsterdam, Athenaeum—Polak en Van Gennep, 1985)

Gezelle, Guido, De mezen (128) en Slaapt, slaapt,

kindje slaapt (197) uit *Dichtwerken* (Amsterdam, Veen, z.j.)

Gorter, Herman, *Zie je ik hou van je* (113) uit *Verzamelde werken* 11 (Amsterdam, Van Dishoeck/Querido, 1948)

Goudsblom, J., Onderweg 11 (90) uit *Pasmunt* (Amsterdam, Querido, 1976)

Govaerts, Jo, *Mijn humeur is als spaghetti die* (26), *Ben ik geen knappe tovenaar* (154) en *Met mijn kwantorslag* (191) uit *Hanne Ton* (Leuven, Kritak, 1987)

Haasse, Hella S., De raadselridder (118) uit *Balladen en legenden* (Amsterdam, Querido, 1947)

Hanlo, Jan, Wat zal ik voor je kopen, zoon? (22), Bootje (29), Kroop de mist (44), *Regen regen* (93), Nooit meer stil (99), De Mus (123), Hond met bijnaam Knak (124) en Het dak (158) uit *Verzamelde gedichten* (Amsterdam, Van Oorschot, 1958)

Hattum, Jac. van, 's Morgens in de stal (21), Piet-kijk-toch-uit (65), Men wijst ons de weg (90) en Carrousel (199) uit *Het Kauwgumkind* (Amsterdam, De Arbeiderspers, 1969), Mijn lijster (129) uit *Drie op één perron* (Amsterdam, Van Oorschot, 1960)

Heije, J.P., Naar zee (85) uit *Al de volksdichten* (Amsterdam, Van Kampen, 1865), 't Verdwaalde lam (133) uit *Al de kinderliederen* (Amsterdam, Van Kampen, 1861)

Herzberg, Judith, De zee (83) uit *Beemdgras* (Amsterdam, Van Oorschot z.j.), Een kinderspiegel (146) uit *Strijklicht* (Amsterdam, Van Oorschot, 1976)

Hillenius, D., De leeuwerik (130) uit *Een klein apparaat tegen rechtlijnigheid* (Amsterdam, De Arbeiderspers, 1975)

Hoekstra, Han G., Leo is ziek (31), Bij de Hubbeltjes thuis (79), Wij en de zon (91), Het verloren schaap (105), De kinderen uit de Rozenstraat (144), Het vogeltje Pierewiet (175), Er was eens een mannetje (182) uit *Rijmpjes en versjes uit de nieuwe doos* (Amsterdam, Meulenhoff, 1976), Margriet (45) uit *Verzamelde Gedichten* (Amsterdam, Querido, 1972), De klok en de kalender (40), Een warme donderdag in mei (44), De wonderen (48), Liedje voor Hannejet (49), Strandwandeling met mijn dochter (100), De Knispadenzen (153) en De vorst (182) uit *De kikker van Kudelstaart* (Amsterdam, Querido, 1987)

Hoften, Jan van, Boerenkoolfeest (166) uit *Het Kinderkompas* (Rotterdam, Nationale Verzekering-Bank, 1956)

Hoornik, Ed., Sint-Nicolaasmorgen (18) en Denkend aan... (187) uit *Verzamelde Gedichten* (Amsterdam, Meulenhoff, 1972)

Huber, Diet, De Zestienhuizer Zevenklauw (26) uit *De Trapeze* (Groningen, Wolters-Noordhoff, z.j.), Een Franse broodjesbruiloft (27), De vier koningen (58), Grietje en Pietje (110) en Ook voor augurkjes (167) uit *De veter-eter* (Amsterdam, Leopold, 1979), Een heksenbezoek (162) uit *Letje Annebetje Bot* (Amsterdam, Leopold, 1981)

Hussem, Willem, *zet het blauw* (84) uit *In Druk* (Arnhem, 1965)

Jaspers, Peter, In 't kleine dorpje Bladerstil... (23) en De ongewone rat (116) uit *De Gouden Bel* (Baarn, Hollandia, 1958)

Kal, Jan, Kattendeterminatietabel (46) uit *Praktijk hervat* (Amsterdam, De Arbeiderspers, 1978), Dikkopjes (48) uit *Fietsen op de Mont Ventoux* (Amsterdam, De Arbeiderspers, 1979)

Kalmijn-Spierenburg, Jo, Bij grootmoeder (96) uit *Het liedje van verlangen* (Den Haag, Voorhoeve, 1969)

Kalwij, Valentine, *een racefiets kan je* (64), *in glanzend zwartleren pakken* (125) en *bang zijn in het donker* (189) uit *Neem nu een paardebloem* (Haarlem, Holland, 1988)

Kemp, Pierre, Allerschoenen (80), Gang (92), Uitbundigheid (149) en Avondbloemen (190) uit *Verzameld Werk* (Amsterdam, Van Oorschot, 1976)

Koolhaas, A., Bloem (80) en Honger (167) uit *Rossignol is nachtegaal* (Amstelveen, De Zondagsdrukkers, 1981)

Kopland, Rutger, Om te lachen (92), Jonge sla (167) en Water bij dag en bij nacht (201) uit *Alles op de fiets* (Amsterdam, Van Oorschot, z.j.), Verhaaltje voor jullie (156) uit *Het orgeltje van Yesterday* (Amsterdam, Van Oorschot, z.j.)

Korteweg, Anton, Reisverslag (95) uit *Gedicht 4* (Amsterdam, De Bezige Bij, 1974)

Kossmann, Alfred, Huilliedjes 7 (43), *God schiep als een voorbeeldig dier* (46), Huilliedjes 1 en 3 (111), Huilliedjes 9 (152) en Huilliedjes 8 (164) uit *Gedichten 1940-1965* (Amsterdam, Querido, 1969)

Krabbé, Tim, En jij? (174) uit *Vijftien goede gedichten* (Amsterdam, Loeb, 1973)

Krol, Gerrit, Zomer (83), Over de ijdelheid (147) en Amsterdam (168) uit *Polaroid* (Amsterdam, Querido, 1976)

Kruit, Johanna, Vakantiefilm (96) uit *Als een film in je hoofd* (Haarlem, Holland, 1989)

Kuijper, Jan, Ramp (32) uit *Sonnetten* (Amsterdam, Querido, 1973)

Kuiper, Nannie, We spelen bij ons thuis (106) en Het spook Spagetti (165) uit *De kraai is door zijn nest gezakt* (Amsterdam, Deltos Elsevier, 1973)

Kusters, Wiel, Een toespraak (18) uit *Het veterdiploma* (Amsterdam, Querido, 1987), Maart roert zijn staart (29) uit *Querido's Kinderboekenkalender 1987*, Geheim (67) uit *Salamanders vangen* (Amsterdam, Querido, 1985)

Lam, Jan 't, Vanmorgen vond ik Sproet (132) en Niemand thuis (157) uit *Ik heb wel eens een bui* (Amsterdam, Leopold, 1985)

Laurey, Harriet, Wat een verjaardag! (21), De kat van de buren (55) en De laatste trein (201) uit *De Trapeze deel 1* (Groningen, Wolters-Noordhoff, 1970)

Leeuwen, Joke van, Ik voel me ozo heppie (25) uit *Querido's Kinderboekenkalender 1987*

Leopold, J.H., Gedoken onder de pannenboog (129) en Kerstliedje (179) uit *Verzen* (Rotterdam/Amsterdam, Brussel/Van Oorschot, 1951)

Lieshout, Ted van, Lieverd (51), Alleen met de trein (92) en Knipoog (189) uit *Och, ik elleboog me er wel doorheen* (Amsterdam, Leopold, 1988)

Lodeizen, Hans, de regen fluit langs de ramen (193) uit *Het innerlijke behang en andere gedichten* (Amsterdam, Van Oorschot, 1970)

Lovendaal, G.W., Ze wisten het wel (114) uit *Kun je nog zingen, zing dan mee* (Groningen, Wolters-Noordhoff, 1986)

Marsman, H., Landschap (90) uit *Verzameld werk* (Amsterdam, Querido, 1979)

Mérode, Willem de, De lezende jongen (77) uit *Verzamelde gedichten* (Baarn, De Prom, 1987)

Michaelis, Hanny, Gezien in een etalage (56) uit *De Rots van Gibraltar* (Amsterdam, Van Oorschot, 1969)

Michel, K., Een gevaarlijke onderneming (20) uit *Ja! Naakt als de stenen* (Amsterdam, Meulenhoff, 1989)

Min, Neeltje Maria, Kinderdroom (19), naarmate mijn rokken (174) en vader die mij leven liet (197) uit *Voor wie ik liefheb wil ik heten* (Amsterdam, Bakker, 1966)

Minne, Richard, Voor de gelegenheid (83) uit *In den Zoeten Inval en andere gedichten* (Amsterdam, Van Oorschot, 1955)

Mouw, Johan Andreas dèr, Gods wijze liefde had 't heelal geschapen (36), Dan las ik weer van 't jonge, lelijke eendje (55) en Dan denk ik aan 't konijntje dat ik zag (176) uit *Volledig dichtwerk* (Amsterdam, Van Oorschot, 1986)

Noordstar, J.C., Mijn zoon (172) en Toen ik een kleine jongen was (200) uit *De Zwanen en andere gedichten* (Amsterdam, Querido, 1967)

Olthuis, Theo, Jacinta (50) uit *Doe maar open* (Amsterdam, Querido, 1984), Fiets (64) uit *De Blauw Geruite Kiel* (Xeno, 1985), M'n vader (95), Mickie (114) en Recept (161) uit *Een hele grote badkuip vol* (Amsterdam, Querido, 1983), Petrólia (117) uit *Leunen tegen de wind* (Amsterdam, Querido, 1985)

Ostaijen, Paul van, Marc groet 's morgens de dingen (17), Berceuse nr. 2 (192), Melopee (202) en Polonaise (203) uit *Verzameld Werk/Poëzie 2* (Den

Haag-Antwerpen, Bert Bakker/Daamen, C. de Vries-Brouwer, 1953)

Otten, Willem Jan, Stad (185) uit *Het Keurslijf* (Amsterdam, Querido, 1974)

P, Drs., Het land is moe (178) uit *Heen en weer* (Amsterdam, Bakker, 1986)

Pelgrom, Els, Een zak vol spijkers (42) uit *De Blauw Geruite Kiel* (*Vrij Nederland*), Want er zijn dingen die kun je niet zeggen (149) uit *Nou hoor je het eens van een ander* (Amsterdam, Querido, 1981)

Peter, De film (103), De domme hond (110) en De oude dame (170) uit *Moet je horen* (Amsterdam, De Arbeiderspers, 1952)

Peters, Lidy, Zusjes, (176) uit *De geur van natte meisjesharen* (Haarlem, Holland, 1987)

Pieck, A.F., Klein-Japik (85) uit *Licht en donker* (Leiden, Binnendijk, 1906)

Pijlman, Fetze, Kano (32) uit *Harmonie en fanfare* (Baarn, Bosch & Keuning, 1981), Ontmoeting (40) en Vakantieherinnering (95) uit *Voor het eerst* (Haarlem, Holland, 1984)

Renssen, P. van, Allemaal mis! (54) uit *Pig Pag Pengeltje* (Den Haag, Van Goor, z.j.)

Rompa, Bas, Regengebed (32) en Langs de lijn (72) uit *Binnenste buiten* (Haarlem, Holland, 1986), Ik (112) uit *De Blauw Geruite Kiel* (*Vrij Nederland*, 8 oktober 1988)

Schagen, J.C. van, het licht is heel stil (100) en op het tuinpad dood (124) uit *Ik ga maar en ben* (Amsterdam, Van Oorschot, 1972), Afterlijmpje (166) uit *Domburgse Cahiers* III (1964)

Scheltema, J.M.W., Buiten (97), Ontmoeting (103) en Kort verdriet (119) uit *Chansons, gedichten en studentenliederen* (Amsterdam, Van Oorschot, z.j.)

Schippers, K., Zes (43), Bloemen geuren (45), Gedicht (58), Mooi hoedje (80), De invloed van matige wind op kleren (86), Liefdesgedicht (112) en De zeerover en zijn buit (115) uit *Een leeuwerik boven een weiland* (Amsterdam, Querido, 1980), Houdini zoekt het juiste woord (75) uit *Sonatines door het open raam* (Amsterdam, Querido, 1972), Wat je kan zien, maar niet kan horen (*Fragment*) (57) uit *128 vel schrijfpapier* (met C. Buddingh', Amsterdam, Querido, 1967)

Schmidt, Annie M.G., De sprookjesschrijver (20), Liever kat dan dame (24), De eendjes (28), Dikkertje Dap (28), De heks van Sier-kon-fleks (30), Rineke Tineke Peuleschil (37), Rekenen op rijm (42), Grote poes gaf les aan haar zoon Kattemenoel (47), En niemand die luisteren wou (63), Op de step (66), Het mannetje Haastje-rep (71), Vissenconcert (73), Circusliedje (74), De mislukte fee (76), Drie meneren in het woud (88), Tante Trui en tante Toosje (94), Ssstt! Ssstt! (99), Drie ouwe ottertjes (109), Hendrik Haan (111), Zwartbessie (125), Ik ben lekker stout (139), Dat jongetje z'n moeder (139), Het zoetste kind (142), Rosalind en de vogel Bisbisbis (142), Een heel klein varkentje (145), Sebastiaan (148), Het fluitketeltje (157), De tijd van elfjes is voorbij (177), De kerstman (179), O, die lammetjes (185), De Poedelman (186), 's Avonds laat (188), Spoken in het kasteel (190), De ridder van Vogelenzang (191), Ubbeltje van de bakker wil niet slapen gaan (193), De wim-wam reus (195) en Stekelvarkentjes wiegelied (196) uit *Ziezo* (Amsterdam, Querido, 1987)

Slauerhoff, J., De schalmei (73) uit *Verzamelde gedichten* (Den Haag, Nijgh & Van Ditmar, 1961)

Smits, Hedwig, Ik ben kwaad (26) uit *De clown en andere gedichtjes* (Hoorn, Westfriesland, 1970)

Smulders, Lea, De vakantiekat (88) uit *Winterboek* (Amsterdam, De Geïllustreerde Pers, 1969)

Snoep, Ella, Kinderrijmpje (51) uit *Querido's Kinderboekenkalender 1987*

Sollie, André, Woensdag (69), Dik (147) en Test (168) uit *Soms, dan heb ik flink de pest in* (Antwerpen, Manteau, 1986)

Speenhoff, J.H., Het scheepje, (173) en 't Broekie van Jantje (176) uit *Liedjes, wijzen en prentjes* (Rotterdam, Brussel, z.j.), Waarom...? (174) uit *Honderd tien krekelzangen* (Amsterdam, Van Holkema en Warendorf, z.j.)

Ster, Jac. van der, Kinderen (144) uit *Mallemolen* (Den Haag, Daamen, z.j.)

Stigter, Bianca, Maar mama heus (154) en Monoloog van een moeder (189) (ongepubliceerd)

Stip, Kees, Op een ijsbeer (36), Op een zeeleeuw (37), Op een konijn (53), Op een vlo (58), en Op een kwal (84) uit *Het grote beestenboek* (Amsterdam, Bakker, 1988)

Tellegen, Toon, Opzegversje (149) uit *Querido's Kinderboekenkalender 1987*

Toonder, Marten, Barlemanje (190) uit *Hard Gelach* (Amsterdam, De Bezige Bij, 1952)

Vasalis, M., Fanfare-corps (98) uit *Parken en woestijnen* (Amsterdam, Van Oorschot, 1961)

Veijlder, Denise De, Slechte dag (154) uit *Ik ben ik* (Leuven/Purmerend, Infodok, 1986)

Vos, Margot, Morgenpret (20) uit *Rozemarijn* (Amsterdam, Wereldbibliotheek, z.j.), De zevenster (202) uit *Meiregen* (Amsterdam, Querido, 1925)

Vreede, Mischa de, Flamingoos (129) uit *Met huid en hand* (Amsterdam, Holland, 1960)

Vries, Hendrik de, Werd ik wakker? Of begonnen (18), Onder de bomen (97), We waren alleen in huis (158), Het kleine meisje had groot verdriet (174), Ziek en moe naar mijn bedje gebracht (197) en Ik zocht op zolder; kroop tussen de spleten (154) uit *Verzamelde gedichten* (Amsterdam, Bakker, 1990)

Vroman, Leo, Ik moet nog aldoor denken aan (19), Hulp gevraagd (25), Biologie voor de jeugd (45) en De kikker en de koe (54) uit *Gedichten 1946-1984* (Amsterdam, Querido, 1985)

Warmond, Ellen, Op het landje tussen de suikerbietjes (56) uit *Beestenboel* (Amsterdam, Querido, 1973)

Werkman, H.N., loemoem lammoem laroem lakoem (58) uit Hans van Straten, *Hendrik Nicolaas Werkman. De drukker van het paradijs* (Amsterdam, Meulenhoff, 1963)

Wijs, Ivo de, Een tweedehands jas (135) uit *Hahaha, je vader* (Amsterdam, Bakker, 1985)

Wille, Riet, Op schattenjacht (144) uit *Zuurtjes en zoetjes* (Houten, Lannoo, 1984)

Wilmink, Willem, Ruzie (23), Dictees (52), Tegelliedje (60), Een groot geheim (68), Op reis (89), Frekie (104), Buurmeisje heeft visite (106), Mijn vriendje David (107), Slaapliedje (131), De stoute jongen (143), Slechte kinderen (151), Eetlust (161) en Slaapliedje (197) uit *Verzamelde liedjes en gedichten* (Amsterdam, Bakker, 1986)

Witvliet, Leendert, Columbus dus (37), Lezen (78) en Winter (177) uit *Sterrekers* (Haarlem, Holland, 1984), Schoolzwemmen (40), Kat en hond (124), Vogeltjes (127) en Met de auto (187) uit *Vogeltjes op je hoofd* (Amsterdam, Kosmos, 1980)

Zonderland, Daan, Interieurtje (23), Aardrijkskunde (36) en *Er was eens een tinnen soldaatje* (156) uit *Redeloze rijmen en alle andere verzen* (Baarn, de Prom, 1982)

Register

Aardrijkskunde 35
Aardrijkskunde 36
Aftelrijmpje 166
Alle roekoemeisjes 194
Alleen met de trein 92
Allemaal mis! 54
Allerschoenen 80
Alles kan ik verdragen 167
Als het stil wordt in de nacht 196
Als ik de trein niet haal 92
'Als ik oud word neem ik blonde krullen' 146
Als ik vannacht ga dromen 200
Amsterdam 168
'Anna,' sprak men tot elkaar 146
Arm Hansje is heel ziek geweest 31
Arnold stond vroeger 31
Avondbloemen 190
's Avonds in bed, mijn broer en ik 200
's Avonds laat 188
Bakker Coeck bakt grote taarten 27
Bakker worden 27
Ball; say: ball 132
bang zijn in het donker 189
Barlemanje 190
'k Ben een jongetje uit een heel arme straat 103
Ben ik geen knappe tovenaar 154
Ben jij een meisje 18
Berceuse nr. 2 192
Bij dag is het water iets lichter 201
Bij de Hubbeltjes thuis 79
Bij de Hubbeltjes thuis is het altijd feest 79
bij de bruine bonen 166
Bij grootmoeder 96

Bij grootmoeder weet ik een kastje te staan 96
Bij Noordwijk zwom een nat konijn 53
Bijna zonder bomen 201
Bijt door de zure appel heen 164
Biologie voor de jeugd 45
Bloem 80
Bloemen 168
Bloemen geuren 45
Boek 78
Boerenkoolfeest 166
Bokken slapen in hun hok 131
Boosheid is een stof 149
Bootje 29
't Broekie van Jantje 176
Brom brom snurk 167
Buiten 97
Buurmeisje heeft visite 106
Carrousel 199
changement de décor 178
Circusliedje 74
Columbus dus 37
Daar woonde op een boerderij 110
Dag, beste kachel! Je bent me wat waard! 54
Dag, mevrouw Van Voort 111
Dag mevrouw 115
Dag ventje met de fiets op de vaas met de bloem 17
Dan denk ik aan 't konijntje, dat ik zag 176
Dan las ik weer van 't jonge, lelijke eendje 55
Dat had je gedroomd 200
Dat jongetje z'n moeder 139
De aardrijkskunde geeft geen antwoord 36
De allerallerkeurigste van alle nette mensen 153
De avond kruipt het huis in 185

De blauwbilgorgel 22
De blauwe bussen 87
De bloemen zijn met te velen tegen mij 190
De bozbezbozzel 46
De bozbezbozzel lijkt wat op 46
De braam 87
De burgemeester van Bellemansluis 99
De denneappel 92
De domme hond 110
De echte bakker 27
De eendjes 28
De film 103
De geheime club 108
De grote stenen 53
De heks van Sier-kon-fleks 30
De heksenschool 41
De invloed van matige wind op kleren 86
De kat 124
De kat van de buren 55
De kerstman 179
De kerstman zat te brommen in zijn witte baard 79
De kikker en de koe 54
De kinderen en grote mensen 78
De kinderen uit de Rozenstraat 144
De kinderen uit de Rozenstraat 144
De kinderen van Amsterdam 144
De kindertjes moeten slapen gaan al in hun ledikant 193
De klok en de kalender 40
De Knispadenzen 153
De koning van Ba-bóng 58
De kwakende eenden waggelen 177
De laatste tovenaar 154
De laatste trein 201
De leeuwerik 130
De lezende jongen 77
De lichten zijn overal uitgedaan 201
De lucht scheen blinkend door de blaren 98
De maan loopt een eindje met ons mee 185
De mezen 128
De mislukte fee 76

De motor raast, we glijden door het land 187
De mummie Toet 39
De Mus 123
De ongewone rat 116
De oude dame 170
De pad en de roos 147
De Poedelman 186
De raadselridder 118
De race-auto 66
de regen fluit langs de ramen 193
De ridder van Vogelenzang 191
De schalmei 73
De sprookjesschrijver 20
De stoute jongen 143
De tijd dat we met bomen spraken 176
De tijd van elfjes is voorbij 177
De tovenaar van Balkenbrij 41
De vakantiekat 88
De vier koningen 58
De vorst 182
De Wees Vrolijk-Automaat 26
De wereld is zo groot 35
de wereld is zo groot 35
De wielrenner 65
De wim-wam reus 195
De wonderen 48
De wonderen zijn de wereld nog niet uit 48
De zee 83
De zee is idioot 83
De zee kun je horen 83
De zeerover en zijn buit 115
De Zestienhuizer Zevenklauw 26
De Zestienhuizer Zevenklauw 26
De zevenster 202
Denkend aan... 187
des morgens sta ik op 20
Deze bloem 80
Dictees 52
Die stond tussen gras 45
Dik 147

Dikkertje Dap 28
Dikkertje Dap klom op de trap 28
Dikkopjes 48
Dit is dan de Poedelman 186
Dit is de heks van Sier-kon-fleks 30
Dit is de spin Sebastiaan 148
Dit is dus een zogenaamd 59
Dit was dan de freule van Roets-Fiedereele 63
Door de zwarte lanen loopt mijn witte paard 201
Dopjes van de colaflesjes 68
Drie kleine nichtjes 157
Drie meneren in het woud 88
Drie ouwe ottertjes 109
Drie ouwe ottertjes wilden gaan varen 109
Duin 85
Een boot vaart voor het raam 37
Een brok steen brak uit de rots 40
Een bromvlieg wordt nooit een lantaarnpaal 43
Eén ding weet ik zeker 25
Een dubbeltje wordt nooit een kwartje 43
Een elastiekje leg ik rond 119
Een Franse broodjesbruiloft 27
Een gevaarlijke onderneming 20
Een groot geheim 68
Een heel klein omeletje 164
Een heel klein varkentje 145
Een heksenbezoek 162
Een ijsbeer beerde zoveel ijs 36
Een kinderspiegel 146
Een kat? een sterfelijke witte muis? een wát? 22
Een katje met een grijze vacht 55
Een kikker knorde tot een koe 54
Een maal twee is twee 43
Een man die een zaag vond 167
Een man met ballonnen 168
Een nieuw woord 114
Een ongewone, grote rat 116
Een pad die op een tuinpad zat 147
Een pechdag 152
een racefiets kan je 64

Een springerige vlo te Vlij- 58
Een stilstaande auto 57
Een toespraak 18
Een toverboek weg toveren 75
Een traan loopt langs mijn linker wang 119
Een twee drie vier 80
Een, twee, drie, vier, vijf, zeven 43
Een tweedehands jas 135
Een versje over regen 95
Een warme donderdag in mei 44
Een zak vol spijkers 42
een zak vol spijkers 42
Een zeeleeuw aan de Côte d'Azur 37
Eerste woord 51
Eetlust 161
Elke bloem heeft een speciale 45
En jij? 174
En jij? 174
En niemand die luisteren wou 63
't Enge restaurant 163
Er draaft een ridder door het bos 118
Er dreef een scheepje in de sloot, een scheepje zonder roer 173
Er is een boek 75
Er lag een kano op twee houten schragen 32
Er leefde een ridder een ridder in Vogelenzang 191
Er liep een meisje 131
Er rijden blauwe bussen 87
Er staat een kasteel 190
Er waren eens drie meneren 88
Er waren twee kabouters, At en Ot 156
Er was daar een aapje 92
Er was een heel klein varkentje, dat was zo érg precies 145
Er was er eens een aapje 192
Er was eens een dame in Bronk aan de Rijn 24
Er was eens een haveloos ventje 176
Er was eens een jongen, zo stout 143
Er was eens een mannetje 182
Er was eens een mannetje dat was heel wijs 182

Er was eens een mannetje dat was niet wijs 182
Er was eens een tinnen soldaatje 156
Er was er 's een moeder-fee 76
Er was er 's een zwarte kip. Zwartbessie was haar naam 125
Er was er eens een jongetje, dat iedereen verwende 140
Fanfare-corps 98
Fantaseren 200
Ferme jongens, stoere knapen 85
Fiets 64
Flamingoos 129
Frekie 104
Ga je mee, zei Rinus Reiger 103
Ga je naar het strand? Mag ik 86
Gang 92
't Gebreide oompje 171
Gedicht 58
Gedicht voor land- en tuinbouw 44
Gedoken onder de pannenboog 129
Géén versje over regen 95
Geheim 67
Gekortwiekt raakt de voetballer 72
Gezien in een etalage 56
Glad en wijd ligt het ijs 178
God, of wie ook zorgt voor regen 32
God schiep als een voorbeeldig dier 46
God, zegen Knak 124
Gods wijze liefde had 't heelal geschapen 36
Goudvinken 164
Grietje en Pietje 110
Groots is het liedje niet 130
Grote poes gaf les aan haar zoon Kattemenoel 47
Grouwe gebauwen, louwe thee 52
Hé! De woorden 'poep' en 'pies' 55
'k Heb als kind zoveel geleden 163
'k Heb een stukje touw gevonden 68
'k Heb in de vakantie een vriend gehad 107
Heb je pijn in je buik? 189
Heb je wel gehoord van meneer van Dommelen 79

Heb jij dat nou ook, Pom 113
Heb jij een kind zien lopen 51
heel mooi deze vogels 129
Hel schittert het zonnetje op de zee 85
'Helaas,' zegt een bedroefde kwal 84
Hendrik Haan 111
Het dak 158
Het 'ennerige' jongetje 140
Het fluitketeltje 157
Het gaat verder niemand ene moer aan 50
het had een paar uur gesneeuwd en ik keek naar buiten 178
Het kind rijdt op zijn hobbelpaard 199
Het kleine meisje had groot verdriet 174
Het klemt als pootjes van 125
Het laatste kwatrijn 20
Het land is moe 178
Het land is moe 178
Het land is warm 83
het licht is heel stil 100
Het lied van de zwarte kater 123
Het liep allemaal mis vandaag 152
Het mannetje Haastje-rep 71
Het meisje keert zich slapend om 18
Het pakhuis 104
Het schaap heeft slaap 197
Het scheepje 173
Het spook Spagetti 165
Het verloren schaap 105
Het vlugste of het langzaamste 70
Het vogeltje Pierewiet 175
Het water gaat langs de kanten heen 29
Het zoetste kind 142
Het zoetste kind dat ik ooit zag 142
Heus niet 111
Hij houdt van boeken over Indianen 77
Hij loopt tegen de tien, zo oud als jij misschien 120
'Hoe laat zou 't zijn?' 21
Hoi! Expressie! 50
Holland, ze zeggen: je grond is zo dras 87

Hollands liedje 87
Hond met bijnaam Knak 124
Honden kunnen zo meewarig kijken 124
Honger 167
Hoofdhaar is een knolgewas 45
Hoor, daar wordt 167
Houdini zoekt het juiste woord 75
Huilliedjes 1 en 3 111
Huilliedjes 7 43
Huilliedjes 8 164
Huilliedjes 9 152
Hulp gevraagd 25
Iedere maandag half negen – zomer 40
Iene miene 72
Ik ben de blauwbilgorgel 22
Ik ben de kat Hieronymus 123
Ik ben de mummie Toet 39
Ik ben de vader van André 151
Ik ben dik, nee dik, niet mollig 147
Ik ben kwaad 26
Ik ben kwaad 26
Ik ben lekker stout 139
Ik ben vast maar gevonde 152
Ik ben verliefd op... Marian 112
Ik ben zo moe, zo moe, zei het geitje 130
Ik ben 144
Ik deed alleen maar (je ogen gaan wijd open) 154
Ik, de zon en de weg 92
Ik ging een keer uit wandelen met Annebet en Joost 91
Ik durfde niet omzien, doch wist dat het er was 199
Ik had een eigen zadel, op de stang 32
Ik had er mijn liefje naar huis gebracht 114
Ik heb een broer 67
Ik heb een nieuw woord geleerd 114
Ik heb een pop 114
Ik heb een race-auto gebouwd 66
Ik heb een touw 68
Ik heb het niemand in de klas verteld 50
Ik heb twee lange linker benen 72
Ik houd een allerschoenendag 80

Ik ken een heel klein jongetje 139
Ik ken een man die verhaaltjes verzint 20
Ik krijg een jas van groene zij 86
Ik laat een opstel schrijven 52
Ik moet nog aldoor denken aan 19
Ik schreef een briefje 50
Ik voel me ozo heppie 25
Ik voer toen ik een kind was met 19
Ik weet 96
Ik wil niet meer, ik wil niet meer! 139
Ik zag Cecilia komen 203
Ik zal je leren blazen tegen 't grote kattekwaad 47
Ik zie de wereld met een wakker oog 189
Ik zit mij voor het vensterglas 151
Ik zocht op zolder; kroop tussen de spleten 154
Ik zou eerst nog de voorzitter zijn 108
Ik 112
In de donkere dagen van Kersttijd 179
In de hazen-broodjeswinkel 166
In de weiden grazen 90
In de wilde zwarte bossen woont de wim-wam reus 195
In dit gedicht 58
In een donker 87
In een heel klein bosje, daar 154
in glanzend zwartleren pakken 125
In 't kleine dorpje Bladerstil... 23
In 't kleine dorpje Bladerstil 23
In het grote griezelbos 165
in slootjes langs de landjes zaten prooien 48
Interieurtje 23
't Is warm, een warme donderdag in mei 44
Jacinta 50
Januari wees nu koud 21
Je opa van de sleutelbos 169
Je vader won bij 't schaken 154
Je weet het 168
Je zit in de trein en wat zie je zoal 90
Jetje Kadetje 27
Jij hebt de dingen niet nodig 112
Jok speelt op straat 120

Jonge sla 167
Kano 32
Kat en hond 124
Kattendeterminatietabel 46
Ken je het verhaal 117
Ken jij de vader van Sabien? 21
Kende God mijn poes uit het hoofd 124
Kerstliedje 179
Kijk daar rijdt hij 65
Kind ben ik van God 111
Kind, zei de moe van Rosalind 142
Kinderangst 199
Kinderdroom 19
Kinderen 144
Kinderrijm I 21
Kinderrijm II 53
Kinderrijmpje 51
Kindersproke 198
Klein-Japik 85
Knipoog 189
Kom ik uit mijn school vandaan 60
Kom kinderen kom! 53
Kom, zeiden vanmorgen de eendjes ontroerd 28
Kort verdriet 119
Kroop de mist 44
Kroop de mist tussen de bomen? 44
Kunst 131
Kwakwadonk 63
Kwam u bijgeval 105
Laatst kwam de heks Wawoelika 162
Lammetje! loop je zo eenzaam te blaten 133
Lammetjes moeten toch voor ze gaan slapen 185
Landschap 90
Landschap bij nacht 201
Langs de lijn 72
Leentje 131
Leo is ziek 31
Lezen 78
Liedje 194
Liedje van de luie week 29

Liedje voor Hannejet 49
Liefdesgedicht 112
Liever kat dan dame 24
Lieverd 51
Lieverd moet naar zijn kamer gaan 51
loemoem lammoem laroem lakoem 58
Maandag 29
Maar mama heus 154
Maart 113
Maart roert zijn staart 29
Man & dolphin/Mens & dolfijn 132
Marc groet 's morgens de dingen 17
Margriet 45
Mark herinnert zich nog 168
Mee met het circus de wereld door 74
Melopee 202
Men wijst ons de weg 90
Men zal nog krijgen dat het nooit meer stil is 99
Meneer en mevrouw P. 127
Meneer is niet thuis en mevrouw is niet thuis 157
Meneer van Dommelen 79
'Meneer, wat ben je aan het doen?' 63
Met de auto 187
Met die reiger aan de waterkant 130
Met korven om manen in te vangen 149
Met mijn kwantorslag 191
Mi mi mi... Mimosa 59
Mickie 114
Mijn aandacht verdelend tussen de vrucht 87
Mijn buurmeisje is mijn grote vriendin 106
Mijn eerste woord was r a a m 51
Mijn humeur is als spaghetti die 26
Mijn lijster 129
Mijn meisje heeft een paardestaart 29
Mijn moeder is vroeger een poes 24
Mijn naam is Ka 25
Mijn vader zei, mijn vader zei 177
Mijn vriendje David 107
Mijn zoon 172
Mijn zoon ging vissen bij de vliet 172

Mimosa 59
Misschien heb je er nooit op gelet 49
M'n vader 95
M'n vader 95
M'n vriendje wil het aan gaan maken 116
Modern aftelrijmpje 72
Moeder 69
Moeder, iets groens, waar geen hek omheen staat 97
Moeder, waarom heb ik honger 174
Moet je nou eens kijken 104
Monoloog van een moeder 189
Mooi hoedje 80
Mooie Anna 146
Morgenpret 20
's Morgens in de stal 21
Naar zee 85
naarmate mijn rokken 174
Naast onze kamer was groot gevaar 23
Nacht is niet boos... Als hij komt, de nacht 198
Nee ik heb niet gehuild 78
Neem een emmer limonade 161
Niemand thuis 157
Niet 57
Nooit meer stil 99
O dat zal een droevige dag zijn 167
O, die lammetjes 185
Om te lachen 92
Om vijf voor half vier ging ik naar 27
Omdat de vissen zich zo vervelen 73
Onder de bomen 97
Onder de maan schuift de lange rivier 202
Onderweg II 90
Ontmoeting 40
Ontmoeting 103
Ooh had ik maar een bootje 83
Ooh had ik maar een bootje 83
Ook voor augurkjes 167
Oortjes van marsepein 115
Op de hoek van de Berenstraat 26
Op de piano, tussen de bloemen 71

Op de step 66
Op de step, op de step 66
Op een ijsbeer 36
Op een konijn 53
Op een kwal 84
Op een vlo 58
Op een zeeleeuw 37
Op het landje tussen de suikerbietjes 56
op het tuinpad dood 124
Op reis 89
Op schattenjacht 144
Opa is nieuwsgierig 168
Opstellen 52
Opzegversje 149
Over de ijdelheid 147
Paardje 201
Petrólia 117
Pieleman 119
Piet-kijk-toch-uit 65
Piet-kijk-toch-uit 65
Poema iris 22
Poep- en piesmenuet 55
Polonaise 203
Ramp 32
Recept 161
Rechts-af krijgt u eerst 'Den Otter' 90
Regen regen 93
Regengebed 32
Reiger 130
Reisverslag 95
Rekenen op rijm 42
Rineke Tineke Peuleschil 37
Rineke Tineke Peuleschil 37
Robbie 74
Rommel 68
't Roofschaap 134
Rosalind en de vogel Bisbisbis 142
Rutger, laat die vork met rust! 161
Ruzie 23
Sasja 147

Schaatsenrijden 178
Schoolbord 43
Schoolzwemmen 40
Schuldig 189
Sebastiaan 148
Sint-Nicolaasmorgen 18
Slaap als een reus 192
Slaapliedje 131
Slaapliedje 197
Slaapt, slaapt, kindje slaapt 197
Slaapt, slaapt, kindje slaapt 197
Slechte dag 154
Slechte kinderen 151
Snel het ponneke uitgedaan 20
Soms gaan we weer met vakantie 96
soms wil ik huilen 149
Spleen 151
Spoken in het kasteel 190
Ssstt!! Ssstt!! 99
Staart 24
Stad 185
Stekelvarkentjes wiegelied 196
Stel dat jij een zak 129
Stel je voor 170
Strandwandeling met mijn dochter 100
Suja suja Prikkeltje, daar buiten schijnt de maan 196
Supergedicht 59
Tante Betje houdt van breien 171
Tante Trui en tante Toosje 94
Tante Trui en tante Toosje 94
Tegelliedje 60
Tekst voor tandartswachtkamer 164
Test 168
Tjielp tjielp – tjielp tjielp tjielp 123
Toekomstvragen 151
Toen ik een kleine jongen was 200
Toen ik hem voor het eerst zag 168
toen ik vanmiddag 64
Twee paarden 120
Twee paarden stonden tegenover elkaar 120

Twintig mezenvoetjes 128
Ubbeltje van de bakker wil niet slapen gaan 193
Uitbundigheid 149
vader die mij leven liet 197
Vader, hebt u van uw leven 151
Vakantiefilm 96
Vakantieherinnering 95
Van alle eigenschappen die de vruchten 92
Van binnen pratend hoofd 196
Vandaag heb Jantje 43
Vanmorgen vond ik Sproet 132
't Verdwaalde lam 133
Verhaaltje voor jullie 156
2 verlanglijstjes 22
Vissenconcert 73
Vliegeren aan zee 84
Vogeltjes 127
Voor de gelegenheid 83
Voor het eerst een merel 44
Vroeg wijs 31
Vroeger 173
Vuurdoorn 129
Waar de wind zachtjes waait 17
Waar zullen we op vakantie gaan? 88
Waarom…? 174
Wanneer het buiten donker wordt, dan komt de witte maan 188
Wanneer je weten wil: hoe heet die kat? 46
Wanneer 's middags om vier uur 104
Want er zijn dingen die kun je niet zeggen 149
'k Was al heel jong verzot op aardrijkskunde 35
Was een héél klein vogeltje 175
't Was een erg koud voorjaar 134
't Was grol en gloei 190
Wat een verjaardag! 21
Wat is dit een mooi land 86
Wat is eens paddelevens doel? 23
Wat je kan zien, maar niet kan horen 57
Wat moet je met een rijksdaalder aan? 69
Wat zal ik voor je kopen, zoon? 22

Wat zou mijn dochtertje vanavond doen? 187
Water bij dag en bij nacht 201
We doen, we doen 70
We hebben ontzettend gelachen in de vakantie 95
We holden het duinpad af 84
We liepen op een middag langs het strand 100
We spelen bij ons thuis 106
We spelen bij ons thuis 106
We waren alleen in huis 158
We zijn naar een huisje in Friesland geweest 95
We zitten in de klas 50
Weerzien op zolder 108
Wees maar wat stil 31
Weet je de waai wel? 129
Weet je wat gek is, maar ook wel aardig 53
Welterusten, Vader Beer! 108
Werd ik wakker? Of begonnen 18
Wie met een revolver schiet 147
Wie verliefd is gaat voor 116
Wie woont er in de stille straat 170
Wie zijn dat toch, wat zijn dat toch voor mensen? 135
Wij en de zon 91
Winter 177
Woensdag 69
Woensdagmiddag: eindje joggen 69

– zakdoekje leggen 189
Zakgeld 69
'k Zal wel af en toe eens vragen 168
Ze hebbe elke dag stront 164
Ze wisten het wel 114
Ze zat heel lang te wachten 85
Zee en strand 96
'Zeg Grietje!' zei Pietje 110
Zeg, zullen wij naar Engeland gaan 89
Zes 43
Zestig seconden op een rij 40
zet het blauw 84
Zeven kleine sterretjes 202
zeven zoete zuurtjes zaten in een fles 42
Zeven zonen had moeder 73
Ze wisten het wel 114
Zie je ik hou van je 113
Ziek en moe naar mijn bedje gebracht 197
Ziek geweest 31
Zij stonden te kijken 4-hoog op het dak 158
Zomer 83
Zusjes 176
Zwaar de pest in 150
Zwaar de smoor in 150
Zwartbessie 125